《思想政治教育理论课程改革与创新型人才培养研究》
（结题证书号：JXJG-2010-169)
《景德镇陶瓷文化资源德育功能的研究》（结题证书号：11508YB030）
《景德镇传统陶瓷文化与区域科技创新的辩证关系研究》
（结题证书号：JC1115）

基于立德树人理念的
高校学风建设研究

吴兵　黄紫劲　著

辽宁大学出版社
Liaoning University Press

图书在版编目（CIP）数据

基于立德树人理念的高校学风建设研究/吴兵，黄
紫劲著. 一沈阳：辽宁大学出版社，2023.1
ISBN 978-7-5698-1091-2

Ⅰ.①基… Ⅱ.①吴… ②黄… Ⅲ.①高等学校－学
风建设－研究－中国 Ⅳ.①G649.2

中国版本图书馆 CIP 数据核字（2023）第 002180 号

基于立德树人理念的高校学风建设研究

JIYU LIDE SHUREN LINIAN DE GAOXIAO XUEFENG JIANSHE YANJIU

出 版 者：辽宁大学出版社有限责任公司
　　　　　（地址：沈阳市皇姑区崇山中路 66 号　　邮政编码：110036）
印 刷 者：沈阳海世达印务有限公司
发 行 者：辽宁大学出版社有限责任公司
幅面尺寸：170mm×240mm
印　　张：12.5
字　　数：225 千字
出版时间：2023 年 1 月第 1 版
印刷时间：2023 年 1 月第 1 次印刷
责任编辑：郝雪娇
封面设计：韩　实
责任校对：张宛初

书　　号：ISBN 978-7-5698-1091-2
定　　价：78.00 元

联系电话：024-86864613
邮购热线：024-86830665
网　　址：http://press.lnu.edu.cn
电子邮件：lnupress@vip.163.com

前　言

　　学风建设作为高校的基础性工程，在高等人才的培养中具有重要的战略意义。良好的学风能够为高校学生的学习营造良好氛围，促进高校学生成长和成才，提高高校人才培养的质量，从而推进国家人才强国战略的实施。目前，虽然我国高校学风的总体情况比较乐观，但也存在很多问题。高校必须在社会主义核心价值观的引领下，坚持"以人为本"的价值基点，加强高校学生的理想信念教育，强调高校学生的全面发展，进一步创新高校学风建设的内容和方式。在具体学风建设中，高校要注意理论联系实际，关注学生的实际需求，注重学生的差异性和层次性。作为新时代人才培养的主阵地，高校应做到以树人为核心，以立德为根本，将立德树人的根本任务落实到高校工作的方方面面。

　　全书共分七章，第一章对高校立德树人相关问题进行了概述；第二章对新时代高校立德树人进行了概述；第三章对高校立德树人系统运行机制展开深入分析；第四章对高校学风进行了简述；第五章对高校学风建设进行了多维阐释分析；第六章主要论述高校学风建设的基本情况和影响因素；第七章从落实高校立德树人的任务、创新高校学风建设机制、改进高校学风建设方法、优化高校学风教育环境、培育高校学风文化等方面探索立德树人视域下高校学风建设的实现路径，为高校的学风建设工作提供有效的指导。全书集系统性、科学性、新颖性于一体，知识趣味性强、语言描述准确、章节划分得体、结构体系完整，能够为高校学风建设提供合理建议和科学指导。

　　本书一至四章由黄紫劲撰写，共计约 10 万字；五至七章由吴兵撰写，共计约 12 万字。本书在撰写过程中参考了一些专家、学者的研究成果和著作，在此表示衷心的感谢。由于时间仓促，作者水平有限，难免存在一些不足之处，恳切希望广大读者、专家批评指正。

目　录

第一章　高校立德树人相关问题概述

第一节　立德树人的理论探源

立德树人的教育理念有其深厚的理论来源，由中国传统文化取其精华、去其糟粕中凝练而来，由马克思主义有关人的全面发展理论的继承和发展而来，由中国共产党历代领导人育人思想的继承和发展而来。因此，高校思想政治教育立德树人使命不是突然出现、没有根基的，而是有深刻的理论积淀和科学的理论基础的。

一、源于中国传统文化的精髓

中国传统文化中德育思想派系林立，内容丰富而庞杂，其中儒家思想最为推崇，并延展至今。关于如何塑造"人"的问题，很多著书立说者发表了相关言论，如《礼记·大学》提出："古之欲明明德于天下者，先治其国；欲治其国者，先齐其家；欲齐其家者，先修其身；欲修其身者，先正其心；欲正其心者，先诚其意；欲诚其意者，先致其知；致知在格物。物格而后知至，知至而后意诚，意诚而后心正，心正而后身修，身修而后家齐，家齐而后国治，国治而后天下平。"总的来说，就是将道德教育依附在修身中，通过修身"立德"来实现齐家、治国、平天下的愿望，并以"仁义礼智信"作为君子修身的标准来"立德"。为了维护封建王朝统治阶级的利益，封建统治者用这种"立德"的标准培育了一代又一代符合阶级利益的君子和贤德之人。而后这种"仁义礼智信"的观念深深融入后代子孙的血液中，引导他们用此标准来要求自己、完善自己。如今，新时代高校思想政治教育立德树人使命也因为受到这种文化的滋养而散发出耀眼的光芒。

"立德树人"在中国古代传统文化中依然能找到原本释义。其中，古词源中将"立德"和"树人"作为两部分来解释。"立德"出自"三不朽"理念，即立德不朽、立功不朽、立言不朽。所谓"不朽"是希望永恒，其原文出自《左传·襄公二十四年》："太上有立德，其次有立功，其次有立言，虽久不废，此之谓不朽。"这表明一个人若想名垂千古、遗留史册，就必须先"立德"，然后再言其他。"树人"来自管仲提到的教化百姓的理念，原文出自《管子·权修》："一年之计，莫如树谷；十年之计，莫如树木；终身之计，莫如树人。一树一获者，谷也；一树十获者，木也；一树百获者，人也。"①管仲将培育人与栽培谷物和树木作对比来突出树人的复杂性、长期性，其中也包含了终身教育的概念。后来经由实践的发展，学术界逐渐将"立德"与"树人"相结合，不仅表达出二者独立存在的内涵，而且表现出时代赋予其更加丰富的现实内涵，从此便有了"立德树人"的说法。

二、源于马克思主义人学思想

马克思关于人的本质、人的发展等理论对我们进一步廓清立德树人内涵与研究立德树人的方法等有着重要的指导意义。

马克思主义人的本质理论是马克思主义人的全面发展理论的前提。人的全面发展理论建立在马克思所说的"人是一切社会关系的总和"基础上。马克思从物的生产活动和现实生活关系中抽象出实践的概念，论述人不是一切自然特性联系在一起的共同性，而是一切社会关系的总和。这表明人是因社会关系的不同而出现极大的不同，通过改变和发展其社会关系，能够逐渐实现人的全面发展。

马克思主义人的全面发展理论内涵丰富、影响深远，经历了历史实践的检验，至今熠熠生辉。马克思认为，人的全面发展就是"人以一种全面的方式，也就是说，作为一个完整的人，占有自己的全面的本质"。② 具体解释为以下三个方面：一是人的个性得到自由的发展，表明社会形态发展到一定阶段，人是完全可以将自己发展成一个有独特个性的人。新时代高校思想政治教育立德树人使命不断培育高校学生的健全人格，学生可以拥有完整的人生、完整的自我意识、完整的实践意识，并将自己发展成有独特个性的人。二是人有能力实现其全面发展，表明人不仅仅需要具备健全人格，更需要提升文化素养。文化知识在理论层面推动学生认识世界，提高学生的创新意识和实践能力，推动学生在能力层面改变自己、影响他人、服务社会、改造世界。三是人的社会需要得到满足。我们需要有过硬的政治素养，坚定信仰马克思主义，坚持走中国特色社会主义道路，大力提升我国发展的质量与效益。由此可见，马克思主义关于人的全面发展理论为新时代高校思想政治教育立德树人使命提供了真理性阐释和发展的理论基础。

---

① 王定华.教师的核心使命是立德树人 [J].中小学管理，2018（9）：1.

② 中共中央马克思恩格斯列宁斯大林著作编译局.马克思恩格斯全集第 42 卷 [M].北京：人民出版社，2017：132.

三、中国共产党育人思想的继承与发展历程

立德树人被确立为新时代教育的根本任务，是中国共产党育人思想的延续与发展，是契合时代之需的生动体现。党的领导人从不同的历史时代出发，审时度势，结合时代的特征提出的育人思想，既是对马克思主义教育思想的发展与创新，也为立德树人思想的不断深化与确立奠定了坚实的基础。

1949年，中华人民共和国成立，中国的社会面貌从此发生了翻天覆地的变化。1956年，社会主义改造完成标志着我国开始进入社会主义时期。我国社会主要矛盾的确立、国家和社会性质的改变以及国家发展战略的变更决定了中国人才培养的根本属性和基本方向。毛泽东同志强调，要把青年培育成"有社会主义觉悟的有文化的劳动者。"他强调最重要的一项就是青年的社会主义觉悟，青年一定要有坚定的政治方向，积极克服缺点、发扬优点。他一贯主张青年在长身体时期要"德""智""体"三育并举，不可重此轻彼，亦不可重彼轻此。

1977年10月，国务院决定恢复普通高等入学考试，中国的教育事业重新迎来了春天。1978年12月，十一届三中全会为我们带来了改革开放的伟大决定。2000年，中国人民生活总体上达到小康水平。中国人民从站起来走向富起来的过程中，党和国家的教育方针是培养面向现代化，面向世界，面向未来的有理想、有道德、有文化、有纪律的"四有新人"。在这个发展阶段，邓小平同志继承和发展了毛泽东青年教育思想的重要内容，不仅确立了培育"四有新人"，还将培育"四有新人"与社会生产实践结合起来，强调培育人才过程中实践的重要性。随着时间的推移，中国共产党思想政治教育的育人工作既对前人的思想有所继承，又通过考量当前社会对人的需求和面临的现实问题，加强并改进了高校思想政治教育育人工作的各个方面。由此，高校思想政治教育培育人的方向更加明确、方法更加具体、行动更加贴合实际。江泽民同志继承了邓小平人才思想的核心，他指出实施素质教育，是以提高国民素质为根本宗旨，以培养学生的创新精神和实践能力为重点，努力造就"有理想、有道德、有文化、有纪律"的，德育、智育、体育、美育等全面发展的社会主义事业建设者和接班人。胡锦涛同志2005年1月提出了"育人为本，德育为先"的育人思想，2011年4月，强调了社会责任感、创新精神以及实践能力的教育内容，提出了"育人为本、德育为先、能力为重、全面发展"的教育理念。

现如今，中国特色社会主义进入了新时代，中华民族迎来了从站起来、

富起来到强起来的伟大飞跃。2018 年 5 月，习近平总书记在与北京大学师生座谈会时指出，要把立德树人的成效作为检验学校一切工作的根本标准，真正做到以文化人、以德育人，不断提高学生的思想水平、政治觉悟、道德品质、文化素养，做到明大德、守公德、严私德。习近平总书记确立了"五育并举"的教育理念，并针对"五育"作出了更加丰富的概念阐释。由此表明，中国特色社会主义进入新时代以来，中国高等教育的育人方针更加明确、育人目标更加明晰。习近平总书记关于立德树人的重要论述，为新时代高校思想政治教育立德树人使命添上了浓墨重彩的一笔。

第二节　立德与树人的辩证关系

在中国传统文化中，"立德"与"树人"是作为两个相互独立的概念出现的。随着时代的发展，人们逐渐认识到"立德"与"树人"的对立统一关系，二者既相互区别又相互补充。

一、立德是根本

（一）立师德是教育学生的根本

教师是一份职业，立师德的核心要义是爱岗敬业。夸美纽斯曾说："教师是太阳底下最光辉的职业。"既然选择了这份为孩子谋未来、为民族谋希望的职业，就要在工作岗位上甘于奉献、不计得失。立师德的关键是为人师表。孔子被称为"万世师表"，其除了在教育方法、人生态度等方面有突出贡献，还强调克己复礼，通过克制自己的言行使其合乎礼的规范。为人师表要求教师成为学生学习的榜样，努力调整自身言行，从而合乎时代道德规范的要求。

（二）立学德是学生成才的根本

立学生之德是塑造高校学生健全人格的根本保障。高校学生的健康人格体现在言行举止等各方面。学生的主要任务是学习，养成良好的学习态度和学习习惯可以使学生终身受益。首先，勤奋刻苦是学生必须具备的道德品质。例如，"悬梁刺股"中的主人公在学习时为了让自己保持清醒，用绳子一边绑在头发上、一边绑在房梁上，只要打瞌睡，绳子就会扯得头皮痛；或者是通过用锥子刺大腿来保持学习状态。"闻鸡起舞"中的主人公只要听到鸡鸣，就会起床练武。这些成语背后反映出的是古人对勤奋刻苦学习的精神的赞扬和重视。新时代学生成长于和平年代，物质生活条件较为优越，这就更需要引导学生在思想层面重视学习、在实践层面勤奋刻苦。其次，高校应当加强高校学生的心理健康教育，鼓励高校学生积极参与社会公益活动，使其在实践中传递正能量、树立正确的价值观。

二、树人是核心

（一）树人是家庭教育的核心

从呱呱坠地、咿呀学语开始，父母教给我们的就不仅是生存的基本技能，还有做人的基本道理。例如，遇到长辈礼貌问好是教育孩子尊重他人的表现，学会分享是教育孩子团结合作的表现。这些都是个体成长必备的素质，是树人的基本。在家庭中，家长是孩子学习的榜样。每个高校学生都成长于不同的家庭环境，无数的小家构成了社会大家庭。只有小家庭切实履行好树人的基本责任，才能为社会大家庭提供更多的人才支持。高校学生道德品质和行为习惯的养成是一个长期的过程，家长要帮助学生扣好人生第一粒扣子，与学校共同努力。

（二）树人是学校教育的核心

学校是学生成长的摇篮，承担着帮助学生树立德业以及为社会培养人才的重任。因此，树人成为学校教育的核心。中国古代对于人才培养的基本要求是让学生掌握礼、乐、射、御、书、数六项基本技能。孔子曾强调，"三人行，必有我师焉。择其善者而从之，其不善者而改之"。孔子的树人思想是指在自身修德的基础上向优秀者学习，在潜移默化中实现自身知识和品格的不断成长。近代以来，蔡元培提出的学校教育坚持"五育并举"的思想，是培养完全之人格的需要，体现了其内在的树人思想。树人作为学校教育的核心，不仅有利于高校学生的全面发展，还体现了国家对于人才培养的重视。

（三）树人是社会教育的核心

学校教育和家庭教育作为高校学生成长的重要途径，担负着树人的核心任务。社会作为高校学生发展的大熔炉，依然要坚持树人的核心地位。高校和家庭要在社会实践中培养高校学生的劳动意识，促使其理解"幸福都是奋斗出来的"；在公益活动中培养高校学生的奉献意识，促使其体会"全心全意为人民服务"的党的宗旨；在红色教育中培养高校学生的爱国意识，促使其主动投身新时代中国特色社会主义事业建设。总之，社会教育的核心是树人，社会风气的好坏直接关系到树人的质量。营造文明社会风尚，传播主流文化价值是提升高校学生本领、树时代新人、落实好社会教育责任的重要途径。

三、立德与树人的辩证统一

（一）立德是树人的前提和基础

司马光曾说："才者，德之资也；德者，才之帅也。"意思是才学是品德的资本，但品德是统领才学的。司马光强调了立德的基础性地位。新时代高校学生知识技能的学习可以为立德做铺垫。有德无才之人，经过专业知识技能的锻炼可以成长为社会的有用之才；有才无德之人，即使拥有较高的知识文化水平，但如果使用不当，往往会对社会造成破坏，影响正常秩序。因此，要想成为国家的栋梁之才，高校学生首先要立德。

（二）树人是立德的目的和归宿

共产主义的最终目标是实现人的自由而全面的发展。新时代需要培养德智体美劳全面发展的时代新人。立德是实现树人整体目标中的关键环节，立德与树人之间并不是彼此并列的关系，而是一种递进关系。孔子的教育目标，即树人目标旨在培养"君子"。孔子认为，要成为"君子"，一是要具备良好的道德修养，"首孝悌，次谨信，泛爱众，而亲仁，有余力，则学文"，这与新时代将树人作为立德的目的和归宿相一致；二是要具备一定的知识技能；三是要具备理想信念和政治抱负。无论是古代君子、圣人的培育，还是新时代树新人目标的实现，都离不开立德的基础，而树人是立德的最终目标。

（三）立德树人是一个完整统一的范畴

立德和树人之间的内在关系充分体现了马克思主义的唯物辩证法思想。深入理解新时代立德树人的内在统一性，体现了对马克思主义基本原理的实践运用，体现了社会对于高校学生教育发展规律的把握，体现了中华优秀传统文化与时代精神的有机融合。新时代大学生对社会热点话题的敏锐度较高，教育者应以此为契机，结合生动的实践案例，帮助高校学生将科学的价值理念入脑、入心。因此，高校把握立德树人的现实发展逻辑能够更好地合理安排教学内容、创新教育方法。

第三节　高校立德树人的实践指向

高校立德树人既与学生主体成长有联系，又与高校不断改进工作的方向性问题，以及高校党政干部、教师等关键群体引领力的作用发挥问题相关。

一、学生主体成长的实践指向

"立德"是"树人"的前提基础。"德领才、德蕴才、德润才"，高校学生"崇德修身"是第一要务。"树人"是"立德"的目标和旨归。人的培养要通过"德"来规定与促进，彰显了人才培养的导向性和规定性。因此，高校学生主体的实践要围绕"立德"展开。

（一）内化"立德"的理想与追求

一是"以德立身"。董仲舒说："人受命于天，固超然异于群生，人有父子兄弟之亲，出有君臣上下之谊，会聚相遇，则有耆老长幼之施。粲然有文以相接，欢然有恩以相爱，此人之所以贵也。"[①] 人之所以贵于万物，正是因为人具有仁、义、礼、智、信等儒家道德伦理规范。"德"作为人的一种深沉的、基础性的底色，应当成为一种独特性、终极性的存在。因此，无论处于何种历史境遇，"立德"都应该成为人内心最本真、最自觉的追求。这与新时代高校立德树人的根本任务的内涵完全契合。高校学生只有理解、认可、内化"德"的基础性、前提性意义，才能在实践中真正遵循，进而产生前行的动力。二是"以德为先"。"德"是检验人才培养的首要标准。例如，"自天子以至于庶人，壹是皆以修身为本""欲治其国者，先齐其家；欲齐其家者，先修其身；欲修其身者，先正其心；欲正其心者，先诚其意；欲诚其意者，先致其知"等均将道德品格放在首要位置。这样才能实现以求知为起点，达到治国平天下的最高目标。这一思想契合了当代立德树人"以树人为核心，以立德为根本"的标准和要求，要求在具体培养的过程中要摆正德育

---

① 班固. 汉书 [M]. 西安：太白文艺出版社，2006：334.

的首要地位，同时处理好德育与智育、体育和美育之间的关系，使德育产生统领与灵魂作用。三是"明明德于天下"。《大学》中指出："大学之道，在明明德。""明明德"在当今指高校办学的价值取向，首先就是要坚持正确的政治方向。因此，立德树人在新时代有着更为深刻的要求。从本质上看，个人的道德修养是国家、社会道德建设的前提与基础，应当将个人的德与社会的德、国家的德有机结合起来。新时代高校学生要在享受国家发展与进步成果的同时，将个人的理想与国家的前途命运紧密结合起来。

（二）践行"立德"的方法与策略

一是"知行合一"。孔子提出"君子名之必可言也，言之必可行也，君子于其言，无所苟而已矣"，并要人做到"言必信，行必果"。"知行统一、言行一致"应当成为立德树人在行为效果层面的导向和要求，与新时代立德树人的要求深度契合。二是"皆可成才"。孔子提出了"因材施教"的教育原则。从当前高校落实立德树人根本任务的过程来看，立德树人不应当是广谱式的、整齐划一式的形态，而应当是在尊重每个学生差异的基础上，有的放矢、精准发力，有效地结合每个个体的道德修养、知识才干，将培养的具体要求与个体发展的个性差异结合起来，最终在确保达到教育总体要求的前提下，使每个学生在专业领域、品质道德、个性发挥等方面获得充分的发展。三是"内省""慎独"。孔子主张"内省"是日常重要的修养方法，他认为无论是在"德"的认识层面还是实践层面，都需要有主观的、积极的活动。

"立德"目标的实现，不仅与教育者的实践相关，还取决于高校学生自身的认识与努力程度。因此，通过"内省"与"慎独"，激发个体自身的主体性，提升个体的道德自觉，是立德树人的深层次、核心性要求。

二、发挥"关键少数"作用的实践指向

从高校立德树人的本质要求来看，强化关键少数的作用发挥，是马克思主义辩证法的根本要求。高校只有积极发挥党员领导干部和教师榜样群体的引领作用，才能形成持久的立德树人引领力。

（一）强化党员领导干部在立德树人中的引领作用

党的领导是高校整体推进立德树人的坚强保障，党员领导干部是思想与行动的先导。当前，高校党建工作还在一定程度上存在着问题和不足，部分领域和环节亟待改革和加强。因此，高校应当坚持并不断推进党要管党、全

面从严治党的重要政治任务，坚决维护高校立德树人的纯洁高地。一是高校党员领导干部要以"四个意识"（政治意识、大局意识、核心意识、看齐意识）为政治标杆，不断提升自身的政治觉悟与政治站位，保证学校各级党组织成为落实立德树人根本任务的思想高地，保证学校全体党员在政治立场、政治方向、政治原则上和党中央保持一致，确保立德树人坚持正确的政治方向。二是高校要形成全面从严治党的压力传导和责任追求，有效保障高校党员领导干部落实立德树人根本任务的落实效果。三是高校领导干部积极发挥敢担当、善谋划、恪守育人之德的表率作用。作为高校育人工作的组织者与领导者，高校领导干部只有肩负起立德树人的使命感和责任感，围绕激发全校教职员工的育人动力，强化依法治校，完善制度规范管理，抓好深化教育教学改革、提升人才培养质量的重大课题，才能有效地发挥自身的引领作用。

（二）强化师德典范在立德树人中的示范作用

师德典范在高校立德树人过程中发挥着关键性的示范作用，能够通过思想的先进性、行为的示范性以及影响的深远性特点，对高校立德树人产生强大的推动作用。立德先立师，正人先正己，高校应当从广大教师中选出一批立场坚定、专业扎实、关爱学生的师德典型，充分发挥他们的示范引领作用。一是发挥价值导向的引领作用。在当前多元文化并存、多种思潮交织、多样价值涌动的社会境域下，高校教师要有崇高的职业理想、正确的世界观和价值观，忠于党和人民的事业，刻苦钻研教育教学工作，把教师职业作为神圣的事业去追求，不断提升自身理想信念和职业修养，自觉把党的教育方针贯彻落实到教育教学实践中。师德典范要求高校把"四个服务"（为人民服务、为中国共产党治国理政服务、为巩固和发展中国特色社会主义制度服务、为改革开放和社会主义现代化建设服务）作为价值追求，激励全体高校教师树立崇高的精神追求和理想信念，增强对职业的神圣自豪感、荣誉使命感，进而形成立场坚定、使命光荣、立德树人的价值导向。二是发挥道德影响的引领作用。高校教师的言谈举止、道德情操、行为举止、处事方式以及治学态度等深刻地影响着高校学生的思想素质、道德品质和行为习惯的养成。因此，应通过师德示范引领，以高尚的道德情操贯穿于教育教学过程的始终，以优良的品质感染学生、以高尚的情操陶冶学生、以渊博的学识影响学生，坚持"以德服人"，促使全体教师提升道德修养，使学生"亲其师而信其道"，最终达到"以德树人"的目的。三是发挥行为规范的榜样作用。高校教师的行为表现对学生起着榜样和示范的作用，会对学生产生潜移默化、深远持久的影响。师德典范要求高校将职业道德理论转化为实际行动，将理论和实践相结合，引领广大教师从科研、教学、生活等各个维度切入，围绕学生、关照学生、服务学生，形成立德树人的整体合力。

第二章　新时代高校立德树人概述

第一节　高校立德树人的内涵透视

一、立德树人的传统文化根基

切实实现立德树人的教育目标，需要高校充分领悟其传统文化根基，更好地破解其践行路径中的困境，从而探索出落实立德树人的有效方法和发展道路。概括地说，我国传统文化中关于立德树人的理解和实践探索主要体现在选拔人才、培养人才、治理国家以及整体社会风尚四个方面。

（一）选拔人才以德为先

以德为先，以才为辅，追求德才兼备的终极目标源于孔子《论语》中的思想。"骥不称其力，称其德也"体现了孔子最重视的就是德，他将德作为评价人才的首要标准。以德为先、德才兼备的思想不仅被孔子所推崇，其在我国古代教育中也有所体现，如《大学》之"诚意正心"，《中庸》之"明善诚身"等。

我国古代在进行人才选拔时，并非将学识放在第一位，而是将德行作为重要的评判标准。一个人要想提升职位，就必须拥有良好的道德修养。此选拔人才的标准对人们的价值理念起到了引导作用，只有立德修身才能有所发展。古代常见的选拔人才的标准便是"贤良方正""直言极谏""敦厚质直""有道之士""清高有遗惠""至孝""为众所归"等。

（二）培养人才以德为本

"立德"就是树立德业。《左传·襄公二十四年》记载："太上有立德，其次有立功，其次有立言，虽久不废，此之谓不朽。"[①]意思是说，在人的一生当中，有三个境界最能体现出人生不朽，即首先是培养良好的道德修养，其次是实现事业的成功，最后是有丰富的学识，能够著书立说。"树人"就是培养人才。《管子·权修》载："一年之计，莫如树谷；十年之计，莫如树木；终身之计，莫如树人。"意思是说，树木的培养简单，只需数年即可，

---

① 郭丹，程小青，李彬源.中华经典名著全本全注全译丛书左传上 [M].北京：中华书局，2018：558.

而人才的培养则是一个长期的过程。《大学》言："大学之道，在明明德，在亲民，在止于至善。"教育目的是塑造学生的高尚人格，注重将理论用于实践活动中去，做到知行合一，培养德才兼备的人才。古代"六艺"主张培养在思想道德、礼节、知识、技能等方面综合发展的人；颜之推的"德艺周厚"思想提倡人不仅需要渊博的学识，还需要高尚的德操。

此外，中国传统文化中有效的育人原则和方法，如内省慎独、启发诱导、因材施教、言传身教、教学相长、寓教于乐、知行统一等，以及利用节日庆典、祭祀仪式、艺术作品、君子比德等隐性教育方式，都应为当代立德树人所借鉴。

（三）国家治理崇尚德政

我国古代社会推崇以德治政。孔子把道德教化的政治功用提升到了"德治"的高度，强调"道之以政，齐之以刑，民免而无耻；道之以德，齐之以礼，有耻且格"。其中，"道之以德"就是强调要用德来教化和引导百姓。孟子主张人性本善。范仲淹继承了孟子的思想，提出了"先天下之忧而忧，后天下之乐而乐"。董仲舒主张实施三纲五常的教化，提倡"夫万民之从利也，如水之走下，不以教化堤防之，不能止也"。因此，古之王者"南面而治天下，莫不以教化为大务。立太学以教于国，设庠序以化于邑，渐民以仁，摩民以谊，节民以礼，故其刑罚甚轻而禁不犯者，教化行而习俗美也"①。宋代朱熹提倡内心的修身养性，要求人做到知行结合；康有为、梁启超主张要通过教育来培养人才，这样才能使国家兴旺；教育家蔡元培则主张进行"五育并举"。

由此可以看出，不管是古代的思想家还是近代的教育家，均比较崇德重儒，这在一定程度上体现了我国传统的社会价值追求。在国家的治理层面，相较于政令与刑罚，德治的功效也往往比法治更深入人心，形成了一种无形的政治向心力。

（四）社会风尚天下大德

社会风尚体现在社会各个领域，当崇德尚贤变成社会风尚时，便是社会大德时。墨子曾主张"视人之国，若视其国；视人之家，若视其家；视人之身，若视其身"，倡导天下人要"兼爱"，关心爱护身边的人，视他人

---

① 班固.汉书[M].武汉：崇文书局，2014：267.

为自己的同胞兄弟。在古代，朝廷基本上会设有三老、五更官职，"以崇至敬，乞言纳诲"。在这些官职的选拔过程中，德义是最重要的标准。例如，王祥因为"卧冰求鲤"的孝行被人们所熟知，之后又被选为三老，后人评论他"履仁秉义，雅志淳固"。同一时期的郑小同因为"温恭孝友，帅礼不忒"而被选为五更。三老、五更在古时的地位尊崇，天子亲自率领群臣接见他们，躬行古礼。这些风俗也体现在了古时家庭之中。在历代的家训之中，德教一直是重点。在朝廷和家庭中，在官员和平民中，德已经成为社会评判的准绳，崇德尚贤已经变成社会风尚。

天下大德饱含着对国家和社会的责任和担当，主张"修身齐家治国平天下"，培养有"家国情怀"的"大德"之人。例如，孔子提出"学而优则仕"，张载主张"为天地立心，为生民立命，为往圣继绝学，为万世开太平"，顾炎武认为"天下兴亡，匹夫有责"，林则徐慨叹"苟利国家生死以，岂因祸福避趋之"。我国传统文化历史悠久、源远流长，有很深的文化底蕴，因而高校要积极吸收中华民族文化传统的思想精粹，培养有理想、有担当、有"家国情怀"的人才，使我国优良传统文化能够得以继承和发展。

二、立德树人的哲学意蕴

（一）深邃的矛盾观

从唯物辩证法的角度看，世界是一个矛盾体，时时有矛盾，事事有矛盾。立德树人作为高校思想政治工作的中心环节，要时刻融入思想政治教育工作，这样才能实现全面育人，引领我国的高等教育走向新篇章。高校思想政治工作存在诸多方面的矛盾，如培养什么样的人、怎么样培养和为谁培养等。在这些矛盾中，主要矛盾和主要方面是培养什么样的人。只有真正明白到底要培养什么样的人，才能在实际的思想政治教育工作过程中弄清楚怎么样培养和为谁培养人。培养什么样的人是高校思想政治教育工作的方向，只有解决了培养什么样的人这个主要矛盾，才能去解决其他矛盾。在德、智、体、美、劳全面发展过程中，应以德为先、以智为本、以体为重、以美为贤、以劳为基，其他方面均要以德为引导。因此，高校思想政治工作必须以立德树人为中心，即高校立身之本就在于立德树人。

（二）浓厚的人本观

德育的中心是学生，德育工作的开展必须围绕学生、关心学生、服务学生，提高学生的思想水平、道德素养、政治觉悟、文化涵养，促使学生成长为一个德才兼备的时代新人。这恰恰彰显出马克思主义哲学的"以人为本"的理念。

在思想政治教育的过程中，无论是教育者还是受教育者，主体都是人，因此思想政治教育工作必须坚持以人为本的思想，把学生放在第一位。"以人为本"，就是要以学生为本，在学生的心里埋下真善美的种子，引导和帮助学生把握好人生方向，并通过各种有效的交流和关怀，增强德育的亲和力。

教育是一门"仁而爱人"的事业，爱是教育的灵魂，没有爱就没有教育。好教师应该是仁师，没有爱心的人不可能成为好教师。在思想政治工作开展过程中，教师要理解、尊重、爱护学生，积极发挥学生的主动性。高校思想政治工作要充分尊重学生的主体地位，唤醒学生的主体意识，使学生积极参与思想政治教育过程，并在其中与教师形成良好的互动。以学生为本，就要全面考虑学生成长发展的需要，将学生的成长发展作为思想政治工作的重要目的，努力实现学生的价值和意义。因此，以学生为本，不仅要肯定和重视学生的存在价值，还要努力为其实现人生价值创造有利条件。

（三）持续的发展观

所有的事物都不是相互独立存在的，而是存在着普遍联系，并且彼此之间产生着影响。正是这种影响的存在，才构成了世间万物的变化。任何事物都不是一成不变的，总有新事物的不断产生和旧事物的不断灭亡。人不能违背自然的发展规律，必须正确地理解规律，并在此基础上进行运用，这样才能有效地发挥自己的主观能动性，从而改造世界。

思想政治工作只有遵循其内在的规律性，才能有效推进思想政治工作。在思想政治教育过程中，教师不能违背教书育人规律，必须遵循学生的成长规律，顺应时代的发展与变迁，要能随着外界变化而随时调整思想政治工作内容。只有这样，高校思想政治工作才能适应新形势，解决新问题，发挥更大的成效。

（四）科学的系统观

辩证唯物主义认为，系统是由相互联系、相互作用的诸多要素构成的。思想政治工作也是一个系统，其内部要想形成合力，就需要各要素之间进行协作与配合，这样才能保证各项工作顺利地开展。

思想政治理论课教师、专业课教师、高校党委、党政干部、共青团干部、辅导员、班主任、心理咨询教师等作为思想政治工作的主体，在充分发挥德育影响力的同时，还要履行自己的责任，相互之间密切配合，形成德育工作主体的合力，有效推动思想政治工作的开展。在思想政治工作中，教师要以身作则，积极传播先进的思想文化，坚持党的领导，引导学生树立正确的"三观"，使其更加健康地成长。

三、立德树人的时代内涵

针对立德树人的时代内涵的解读，需要通过"培养什么样的人""怎样培养人""为谁培养人"三个方面来实现。

（一）锻造时代新人

培养时代新人是对"培养什么样的人"的回答。时代新人是中华民族复兴的承担者，他们应该更加自觉地意识到自己的历史使命，要有担当与责任感，积极履行其应尽的社会义务，具有坚毅的品质，能够披荆斩棘，担当大任。

首先，时代新人需要"明大德"，即树立正确的政治信仰。正确的政治信仰不仅体现在对国家政治理想的正确理解上，还体现在对政治目标以及政治制度的充分认识上。这就要求高校学生在马克思主义理论的指导下，不断加深对社会主义建设规律以及人类社会发展规律的把握，树立正确的世界观、人生观、价值观，激发责任意识与担当意识，从而确保自身在复杂的社会环境中经受住考验。其次，时代新人要"守公德"。这就要求高校学生不仅要深刻把握人类社会生活最基本、最主要的关系，还要坚守住中华优秀传统文化的精髓，自觉践行中国特色社会主义公民道德要求。同时，也要求高校学生要努力培育和践行社会主义核心价值观，依托于对国家深厚的情感，不断锤炼，将新时代所要求的进取、创新等品质不断内化于心、外化于行。最后，时代新人要"严私德"。这就要求高校学生不仅要树立自我控制的意识，还要培养自我约束的能力，严格约束自身日常行为。

时代新人是有理想、有本领、有担当的青年一代。高校学生应以爱国主义情怀为依托，不断学习，培养新时代所需的奋斗、进取、创新、包容等道德品质，并且在自身的综合素质、学习能力、专业知识和生活作风等方面有更高的标准和更严格的要求。

（二）高校立身之本

把立德树人作为高校立身之本是对教育"怎样培养人"的时代解答。思想政治理论课是落实立德树人根本任务的主要课程，落实立德树人根本任务的关键在于教师和党的领导。

高校立身之本在于立德树人，在教学过程中，要着重开展思想政治工作，达到全面育人的效果，提高我国教育事业的水平。高校承担着为国家培养合格建设者和可靠接班人的神圣使命，因而要落实思想政治教育工作，切实提升思想政治教育工作实效性，促进高校学生全面发展。高校培养出来的学生如何，将直接影响社会的发展。这种影响无论是正面的还是反面的，都将产生巨大的影响力，而且是不可逆转的。因此，把立德树人作为中心环节和根本任务，不仅仅是对学生个人发展的要求，更是对高校如何培养人的要求。

（三）培养社会主义建设者和接班人

国家的强盛要靠人才，人才的培养要靠教育。培养社会主义建设者和接班人是对"为谁培养人"的回答，是我国社会主义教育的目标。全国教育工作大会的召开也表明了我国对教育的态度，从性质上而言，我国是坚持中国共产党领导的社会主义国家。这就要求在教育过程中将培养社会主义接班人作为教育工作的重中之重，以为我国持续不断地培养有正确政治思想的、拥护中国共产党的优秀人才。

综上所述，新时代立德树人的文化根基、哲学意蕴和时代内涵充分体现了党中央对立德树人内涵的丰富和发展。立德树人的传统文化根基为新时代落实立德树人提供了深厚的文化底蕴和重要启发；哲学意蕴既体现了新时代中国特色社会主义高校的马克思主义办学方向，又体现了新时代对历史唯物主义和辩证唯物主义的深刻把握和自觉运用；时代内涵立足于现实，不仅是对"培养什么人""怎样培养人"和"为谁培养人"的育人目标的深刻理解和回答，还是对新时代如何落实立德树人根本任务的实践指导。

虽然我国高校在立德树人的理论研究和落实方面取得了诸多成绩，在学科建设、教学改革、师资队伍等方面都有很大进步，但是依然存在诸多不足。这就要求我们在深刻领悟立德树人丰富内涵的基础上，立足现实状况，积极探求一条切实有效的落实立德树人根本任务的基本路径。

第二节　高校立德树人的基本内容

一、立德树人的核心要义

（一）培育健全人格

健全人格是众多研究者抽象出的理想人格状态，他们渴望通过健全人格塑造德智体美劳全面发展的社会主义接班人和建设者；反之，高校思想政治教育要想培育全面发展的人，就需要将培育健全人格放在首要地位。健全人格的研究涉及诸多领域，其中心理学家对人格的解释包括以下两个范畴：一是侧重生物学基础，认为人格是人身体结构和心理潜能的表征；二是侧重社会化过程，认为人格是适应社会关系过程中个性真我的表现。①

1. 珍惜完整生命

完整的生命是具有一定意义的生命。从生物学角度来说，生命是以碳元素为基础的有机化合体，完整的生命是从生命的产生，即胚胎细胞的发育到生命的灭亡，即主体思维不存在的全部过程。在这个过程中，不同人的生命长短不同，除人类平均寿命的限制外，人可以在有限的过程中，通过避险、保护等方式延长生命的长度，并在有限的生命长度内，积极寻求生命的意义，追寻生命的真谛。

完整的生命是通过物理消亡的生命，而不是自主放弃的生命。高校学生对生命的体验还在青涩时期，不具备成熟的生命观。高校思想政治教育应引导高校学生正确理解生命的完整性和意义，促使新时代高校学生走向社会后能够重新审视生命的维度，在有限的生命期间不断丰富生命内涵，体验作为生命体的快乐。

2. 强化健康体魄

健康的体魄是完整生命的前提，是健全人格的基点。卢梭曾说："身体

---

① 景宏华. 健全人格素养的内涵、表现及其评价 [J]. 中国职业技术教育，2020（14）：14-18.

虚弱，它将永远不会培养有活力的灵魂和智慧。"这表明身体强健是发展一切的根本。周国平读史铁生的《病隙碎笔》时也说："身体是有可能拖垮精神的，即使一个积极乐观的灵魂已经脱离了残破的身体，也会被身体的病痛折磨得意志薄弱。"因此，只有在保障身体健康的基础上，才能更好地实现其他目标。

先健康体魄，后文明精神。高校思想政治教育应引导高校学生的健康理念，推动高校学生在学习文化知识的基础上加强身体锻炼。近年来，高校学生因久坐形成腰椎疾病、因长期低头阅读形成颈椎疾病、因长期熬夜导致免疫力下降和脱发等，身体亚健康的态势明显上升。因此，高校思想政治教育必须引导高校学生明确健康体魄的重要性，促进学生养成良好的生活习惯。

3. 保持心理健康

心理健康是指充分发挥人的潜能，使自己在社会生活中获得最佳的效能。身体和心理的健康相互依赖、相互影响。长期的身体不适会导致情绪低落、易怒、不安，长期的心情抑郁、焦躁不安也会导致身体失眠、精神状态差等。心理健康理想的存在形式是正常的性格和智力、乐观的生活态度、良好的情绪、适当的好奇心和求知欲、和谐的人际关系、适当调节内心平衡的能力、适当的行为、良好的适应能力等。从广义上来说，心理健康是一种持续性情绪饱满、舒适、满意的心理状态；从狭义上来说，心理健康是智力、情绪、能力、行为统一的良好的状态。

高校思想政治教育凭借其独特的学科特性，能够在高校学生心理出现问题的苗头时期对他们进行定期的心理疏导。思政课教师、辅导员和班主任秉持着"以学生为本"的教育理念，围绕学生、关怀学生、服务学生，有助于消除高校学生的心理隔阂。学院举办丰富的学术交流、文化交流和社会实践活动也能够在一定程度上解决高校学生思想问题引发的心理疾病。

4. 陶冶道德情操

道德属于伦理学范畴。道德由"道"和"德"组成，道是一种良好的选择，德是一种素养或习惯，一种良好的选择习惯即道德。道德是社会意识的形态之一，是社会调整人与人之间社会关系和个人行为规范的总和。道德是一种由经济基础决定的特殊的社会现象，既表现为道德意识，又表现为道德活动和道德规范。道德形成两种存在方式：第一种是通过隐性的舆论环境和教育方法匡正人民对于是非善恶的看法，形成正确的情感意向和行为意向；

第二种是通过长久以往形成的习惯、判断标准、社会规定来约束人们的思想和行为。

高校学生正处于三观的塑形期，也处于培育自身道德情操的关键时期。高校学生的生活和学习逐渐由学生、学校和家长密切联系的模式，转变成学校管控力度低、家长干预力度弱的模式，导致学生"他律"的力度减弱。随着网络信息的快速传播，学生接触到更全面和复杂的社会环境和网络环境，在无人监督的情况下，伴随着"他律"的降低，其"自律"的力度也逐渐减弱，由此导致高校学生的道德自觉性降低、道德意识薄弱。高校思想政治教育是真善美的结合，具有理论科学、思想高尚、感情真挚的特点，能够有效地在道德知识、道德标准、道德情操等方面塑造具有正确三观的人。

5. 重视法律素养

法律一般是指由国家制定或认可并以国家强制力保证实施，反映由特定物质生活条件所决定的统治阶级意志的规范体系。法律也是约束人社会行为的规范和准则。法律素养是指法律知识、意识和实践能力的有机统一，即知、意、行三者有效统一。法律素养是指以法律知识为基础，在法律认知的基础上合理使用自身的权利，履行自身的义务，运用法律武器维护自己的合法权益，并自觉同违法犯罪行为作斗争。[①]

首先，高校应不断加强思想政治教育主体的法律素质，为高校学生提供更专业的法律知识。其次，在日常生活中，应不断普及新的法律知识，除《思想道德修养与法律基础》课本内容外，还包括网络诈骗和校园网贷的法律知识，维权、防盗、防火的法律知识，变更后宪法、婚姻法和刑法等相关的法律知识，以此来培育高校学生的法律意识。最后，马克思主义学院应举办各种文体活动、敬老活动、志愿者活动、法制宣传等活动，以促使高校学生提高法律实践能力。

（二）提升文化素养

文化素养是综合素质的核心，主要从以下三方面来提升高校学生的文化素养。

---

① 张叶群. 论高校学生法律意识的培养 [J]. 新教育时代，2016（5）：48.

1. 拓展文化知识

文化知识是指通过哲学、历史、文学、艺术、科学等方面知识的学习，使学生获得多样化的文化储备。习近平鼓励高校学生珍惜学习文化知识、增强本领和才干的黄金时期，加快知识储备、扩展知识获取的途径、增强知识学习的紧迫感，把学习作为首要的任务，作为一种责任、一种精神追求、一种生活方式。在高校阶段，获取文化知识的渠道多种多样，其中思想政治教育是重要的渠道之一。首先，正确认识世界和中国发展大势。这就要求我们将马克思主义理论知识贯穿到其他知识的教学过程中，坚持不懈地传播马克思主义，抓好马克思主义理论教育，为高校学生成长奠定科学的思想基础。其次，正确认识时代责任和历史使命。这就要求我们引导高校学生坚定中国特色社会主义道路，坚定在马克思主义理论指导下实现中华民族的伟大复兴，引导高校学生认清党带领人民进行的伟大斗争，建设的伟大工程，推进的伟大事业，实现的伟大梦想，提高他们的责任意识和使命意识。最后，正确认识远大抱负和脚踏实地。这就要求我们引导高校学生将远大抱负落实到实际行动中，勤奋学习、艰苦奋斗，用深厚的文化底蕴为中国特色社会主义的发展作贡献。

2. 提升审美意识

除文化知识外，审美意识的培养也至关重要。审美意识指客观存在的众多审美对象在人们头脑中能动的反应。审美意识的建立有赖于对"美"的理解，有利于把握审美标准和提高审美修养。首先，"美"是一种社会性的客观存在，可以具体地、富有感染性地显示事物本质力量的形象。美是具体生动的、人的感官可以直接感知的形象，无论是自然美、艺术美，还是社会美，都离不开人们的感性形象。美具有形象性，但这并不意味着所有有形象的事物都是美的，美的事物是形象性和感染性的统一。其次，审美标准是人在审美活动中衡量事物美丑的尺度。真善美的统一是审美唯一的客观标准。在审美实践中，只有正确把握审美标准，才能使审美活动更自觉、更科学。最后，树立正确的审美观是高校学生提高审美修养的前提。正确的审美观能够适应社会发展，推动社会历史前进。因此，我们要把握美的本质，善于对社会和生活做出正确的判断，分清真与假、美与丑，建立正确的审美观，脱离低级庸俗的趣味。

高校学生在成长成才阶段具有两个重要的特性：首先，高校学生的各项身体机能达到了成熟的高峰期，神经性能发达，精力充沛，身体各方面都很敏感，尤其在审美方面表现优异，具有极强的敏感性。其次，高校学生的个性突出，他们总是站在新潮文化一方，尤其欣赏前沿的、流行的文化。高校阶段是培育学生审美意识的黄金阶段，高校思想政治教育对学生审美意识的培育是一个潜移默化的过程，审美意识的形成与思想政治教育的发展相互渗透、相互影响。高校思想政治教育能够通过合理的引导来提高高校学生的审美意识，促使高校学生理解美的实质内涵，把握审美标准，提高自身的审美修养，鼓励高校学生发现美、感受美、创造美。

3. 弘扬劳动精神

一方面，劳动精神是尊重劳动、崇尚劳动、热爱劳动。尊重劳动是指劳动者将劳动视为改造世界、创造财富和获取幸福的源泉，从根本上认识劳动、体谅劳动；崇尚劳动是指人们从心底对劳动表示热爱并发出由衷的赞美和崇敬，为自身付出劳动而感到自豪；热爱劳动是指劳动者愿意参与劳动活动、乐于感受劳动乐趣并十分珍惜劳动成果。另一方面，劳动精神是辛勤劳动、诚实劳动、创造性劳动。辛勤劳动突出了埋头苦干、艰苦奋斗的精神，这是中华民族文化中优秀的精神继承，也是对劳动者的基本要求；诚实劳动体现在"劳模精神"中，劳动者在劳动过程中实事求是、遵守相关法律法规、恪尽职守，无论在哪个领域，都尊重他人劳动成果，不窃取他人劳动果实，勇于同劳动失范者作斗争；创造性劳动显示出开拓创新、敢拼敢闯的首创精神，新时代最需要的就是这种开创精神，高校学生要勇于做第一个"吃螃蟹"的人，为新时代中国特色社会主义的发展添砖加瓦。

（三）培养"政治素质"

政治素质是高校学生服务于中国特色社会主义建设、中国共产党、社会主义高校培养的必要素质。政治素质是一个非特定性的概念范畴，培养高校学生的政治素质需要从以下五个方面入手。

1. 培养坚定的政治信仰

信仰是一种在终极对象和主观态度之间具有张力性的关系，是人类将自身终极追求的社会理想与自己的主观态度结合，形成具备满足自身主观条件的清晰认知结构，在自己主观的理想中构建一种完美的对象，并且为这个对象服务，遵循这个对象的原则，将这个对象的内容内化在日常行为规范中，将其视作永恒境界并虔诚地信奉。信仰在心理上表现为对某一事物的向往、追求和仰慕，在行动上表现为在这种精神力量的支配下解释、改造自然界和社会的行为。

政治信仰是群体或个人对社会政治生活的终极关怀。[①] 这是群体和个人所处的社会环境中对于主体所处的社会环境、位置和功用的反映，其本质是探究人类未来社会的理想模式和主体在社会中的政治确定性。随着主体受到主流政治环境的影响，人们探究政治对象的科学性和合理性产生了政治认同和政治情感的倾向，政治信仰由此变成了一种共鸣和推崇的综合认同体系。一般而言，政治信仰就是信服和尊崇某种政治思想、学说和主义，并将其当作自己的精神寄托和行动指南。因此，政治信仰具有一定的阶级性和实践性。

高校学生是社会群体的年轻力量，是未来社会的中流砥柱。他们正处于人生的黄金时期，应该有坚定的政治信仰，立长志，勇于上下求索，开拓进取。培养高校学生坚定的政治信仰是高校思想政治教育的本质要求。一是从个人角度来看，高校学生的政治信仰引领着其政治思想、政治认同和政治情感倾向，时刻为高校学生提供政治的目标导向，促使高校学生成长为具备坚定政治素养的社会主义接班人和建设者。二是从社会角度来看，坚定的政治信仰能够引导高校学生扣好人生第一粒扣子，为高校学生提供归属感和生存的意义，指引美好生活的方向。因此，高校思想政治教育引导高校学生树立坚定的政治信仰至关重要。当代高校学生应将马克思列宁主义、毛泽东思想、邓小平理论、"三个代表"重要思想、科学发展观、习近平新时代中国特色社会主义思想作为精神寄托和行动指南，自主自觉地将这一科学理论不断对象化，提高思想觉悟，坚定马克思主义信仰，并坚定马克思主义理论著作中描绘未来社会的理想模式。

2. 拥有明确的政治立场

政治立场指立足于一定的阶级、政治集团、派别，反映其利益和要求的政治立足点和出发点。中国共产党的政治立场是最广大人民的立场，他们为人民服务，想人民所想，为人民谋取最大的利益，坚决与迫害人民的不法分子作斗争。中国人民的政治立场是以马克思主义为基本观点的立场，他们具备坚定的中国特色社会主义理想信念，主动投身于反对帝国主义、封建主

---

① 张耀灿.思想政治教育学科建设研究 [M].北京：中国人民大学出版社，2017：157.

义、官僚资本主义以及一切妄图取缔马克思主义科学理论的斗争中，并坚定中国共产党的领导，自觉站在中国共产党正确原则的立场上，同一切非马克思主义的政治路线和思想路线划清界限，为共产主义事业奋斗终身。高校学生应表现出坚定的政治立场，坚定与祖国共进退、与民族共存亡。

3. 具有严明的政治纪律

在中国特色社会主义的社会性质下，政治纪律是中国共产党在参加党团活动和日常生活中为约束自身党组织和党员遵守的基本规范。政治纪律是依据中国共产党在不同时期的总目标、总任务和总要求制定的既符合理论要求又符合现实需要的政治制度。政治纪律涉及政治方向、立场、表达和行为规范四个方面，促使全体党员人在党内、心在党内，推动其为党做事，紧紧地团结在党中央的周围，并与党中央在思想和行为上保持高度统一。

守纪律、讲规矩不仅是对党员干部的党性和忠诚度的考验，也是高校学生提高政治素质的标准之一。不遵守政治纪律会造成对党不忠诚、损害党和国家的尊严和利益、不能有效贯彻落实党和国家的大政方针等一系列危害。因此，高校思想政治教育需要引导高校学生遵守严明的政治纪律，做合格的社会主义接班人。

4. 具备优良的政治品质

政治品质是政治主体在政治社会化过程中具备的稳定的政治倾向、一贯的政治作风和坚定的政治言论。政治品质是从事社会政治活动的基本条件和基本品质，其综合表现为个人的政治方向、政治立场、政治观念、政治态度、政治信仰、政治技能，外部表现为思想、言论、行为、意念、作风、道德等，并具有稳定性的特点。

政治品质是政治主体进行观察研究、逐步分析解决政治问题时表现出的态度和方法。中国共产党是代表无产阶级的马克思主义政党，它所呼吁的政治品质也是中国共产党人具备的品质。因此，政治品质能够体现出中国共产党党员的本质特征和阶级属性。要具备崇高的政治品质，应当始终如一地坚持马克思辩证唯物主义和历史唯物主义的科学世界观，具有坚强的党性、远大的共产主义理想和崇高的共产主义信念，实事求是、坚持真理、克己奉公、襟怀坦白，全心全意为人民服务；应当不折不扣地、忠实地执行党的政治纪律，用自己的一言一行乃至生命来保证党的高度团结和统一，巩固党与群众的密切联系，努力完成和实现党的各项任务和奋斗目标。在加快改革开放的新形势下，必须坚持四项基本原则（坚持社会主义道路，坚持人民民主专政，坚持中国共产党的领导，坚持马克思列宁主义、毛泽东思想）。坚持改革开放的基本国策，要始终坚定不渝地站在改革开放的前列，勇于开拓，锐意创新，刻苦求实。

高校学生的政治品质是政治立场、政治方向、政治信仰、政治技能、政治观念、政治态度在心里形成并通过言行表现出来的内在品质。高校学生的好奇心强、心性不稳定，容易被社会不稳定因素所影响。高校思想政治教育培育高校学生优良的政治品质不仅有利于提高其政治素养的稳定性，还有助于其形成良好的政治作风和政治意志。

5. 培养稳定的政治敏锐性

政治敏锐性是指全体社会公民对政治有较强的感知能力、尖锐的目光和敏锐的洞察力。政治敏锐性对每个人都至关重要。首先，国家制定政策时，国家顶层设计的人员应具备政治敏锐性，通过国家微小的问题和状况找到问题的节点，并寻找应对的办法。其次，各级领导干部应具备政治敏锐性。面对国家制定的政策，各级领导干部能够迅速地找到适合地方实行的方式，通过敏锐的洞察力找到地方存在的问题，结合国家最高指示反映正确的政治行为。最后，国家公民也应该具备一定的政治敏锐性。国家公民无论从事什么行业，都要跟随国家政策，适应国家发展要求。因此，国民能正确判断和遵守国家政策是推动中国特色社会主义事业不断前进和朝正确的方向发展的重要因素。马克思主义政治敏锐性是社会主义国家公民都应该具备的政治素质之一，具有极其重要的地位。

高校学生正处于成长的过渡期，他们的思想正在加速成熟但并未完全成熟，主要表现为政治理论知识不够扎实、政治鉴赏力不够、政治敏锐性低等。他们不能凭借自己的判断树立政治立场、寻求政治方向。因此，高校思想政治教育应通过培养正确的政治鉴赏力和灵敏的政治敏锐性来提升高校学生的政治素质。

二、立德树人的基本要求

北宋史学家司马光曾说："才者，德之资也；德者，才之帅也。"因此，高等教育全面落实立德树人的根本任务，完成育人目标，首先必须"立德"，坚持育人为本，德育为先；其次才是"树人"，培育有才华的高校学生；最后是站在德行和才华的基础上，要求人的视野、气度、胸怀、见识符合时代新人的要求。立德树人的基本要求需要从以下三个方面进行分析。

（一）有德行：灵魂归宿

"立德"是立德树人教育理念的灵魂，有德行是立德树人的基本要求之一。国无德不兴，人无德不立。育人之本，在于立德铸魂。"立德"根植于中国传统文化的德育思想内。在儒学中，君子的修行具有道德意味。例如，孔子教育弟子子夏"女为君子儒，无为小人儒"，意思是让子夏做一名君子，不要做一名小人。关于君子与小人的本质区别，孔子也曾说过"君子喻于义，小人喻于利"，君子与小人的区别是多了道德的约束，希望君子用道德约束言行，得以修身，不断趋于"君子"。实现君子的目标实属不易，有些人一辈子修身，也不敢以君子自居，其原因是孔子为达到君子设置了很多标准，如设定了"兴于诗，立于礼，成于乐"的学习过程，还提出了文质彬彬的外部表现，其中"德行"是第一步也是最重要的一步。可见，德行的培育符合中国传统道德观念和社会发展理念。

立德树人的"德"是大德、公德、私德的总结，包括政治、道德和法律等方面，即培养高校学生的理想信念、道德品质、法治素养等。因此，高校思想政治教育对高校学生德行的培育就是要在坚定高校学生理想信念、塑造高校学生良好的道德品质、提高高校学生法治素养等方面下功夫，促使高校学生成为具备健全人格的社会主义建设者和接班人。

（二）有才学：重点目标

"才学"是人解决实际问题的才华和学问。"有才学"是指具备扎实的理论功底、较高的实践能力、优秀的文化素养、终身探索的欲望。新时代高校学生首先要"立德"，良好的德行是迈向社会的必要条件；其次是提升"才学"，才学是立足于社会的必要条件，也是高校学生扣好人生第一颗扣子的重点目标。

才学是达成树人目标和完成树人任务的重要因素。"才学"是学习文化知识并用文化知识涵养人，即文化人、以文育人。文化育人的本质是通过人类优秀文化的正面价值指引、影响和感化他人。党和国家非常注重文化的涵养作用，注重利用中国传统文化、革命文化、社会主义先进文化教育人，开阔高校学生的文化视野，引导高校学生正确认识世界和中国的发展大势。

高校思想政治教育要培养有"才学"的高校学生，并增强他们的综合素质。首先，推动每个高校学生的全面发展，引导学生珍惜在校的学习时光，心无旁骛地求真立学，不断沿着求真理、悟真理、明事理的道路迈进。其次，在体育课的锻炼中培育高校学生的劳动精神，不仅使他们了解锻炼身体的重要性，还要提高他们的锻炼意识。最后，提高高校学生的审美意识和人文素养，用社会主义核心价值观涵养高校学生，不断提高高校学生对精神世界的追求，将才学内化于心、外化于行。

（三）有格局：重要内容

"格局"主要指一个人的胸怀、视野、境界，有格局是立德树人教育理念的重要内容。新时代高校思想政治教育以立德树人为中心环节，应将格局境界放在重要地位，培养高校学生形成强大的个人格局。

高校学生应该拥有广阔的国际视野。随着经济全球化的持续发展，东西方文明冲突加剧，大国战略博弈出现新特点，国际力量格局发生了显著的变化，由西方经济强国为重点的国际力量格局逐渐变成了由发展中国家为重要因素的国际力量格局。国际形势随着时代发展出现新变化，催促着高校思想政治教育在培育德才兼备的高校学生过程中更注重对国际格局的思考。

高校学生应该拥有辩证的文化格局。西方文化不断融入我国文化发展中，西方国家通过一系列电影、电视剧、书籍、广播不断宣传其普世价值，影响、改变着我国主流文化的发展，对高校学生也产生了深刻的影响。因此，高校学生迫切需要形成辩证的文化格局。这就催促着高校思想政治教育引导高校学生正确认识中国特色社会主义和国际比较，客观看待国内和国外两个世界，辩证看待国内文化与西方文化，坚持文化根基，将新时代中国特色社会主义文化深深扎根于中国优秀的传统文化、新中国革命与建设形成的先进文化中；引导高校学生坚定中国特色社会主义优秀文化不动摇，选择性地吸收其他外来文化，培育高校学生形成独特的文化眼光和辩证的文化格局。

综上所述，高校思想政治教育"立德树人"的基本要求是有德行、有才学、有格局，三者自成阶梯，从范围和层次的角度依次递进。从范围上来讲，三点要求由小到大，德行范围最小，主要从理想信念、道德品质、法治素养三方面下功夫。才学则从个人思想方面扩展到社会生活中思想和行为的各个方面。格局范围最大，基于德行和才学等范围的认知，涉及人的视野、气度、胸怀、见识等各方面的认知，范围更广，影响更大。从层次上来讲，德行是基础。立德树人要以德为先，将"德"放在第一顺位，只有在培育德行的基础上，立德树人才能坚守正确的方向，才有利于社会主义发展。才学是"立德"基础之上"树人"的要求，是德行的支撑。在社会主义现代化建设的过程中，高校学生对历史文化知识、科学技术知识、学术前沿知识、艺术美学知识的学习都是才学的重要内容，广泛培养个人兴趣爱好并从中挖掘自身的价值是体现才学的有效方法。格局是保障。高校学生的格局是通过总结社会认知、书本认知、个人认知的知识形成对宇宙、世界、社会、他人和个人的看法，是一种主体性强的客观看法。高校学生可以通过科学的实践和吸收马克思主义理论知识的养分，逐渐扩大个人格局，以达到更高层次的发展。人的塑造如一幢幢高楼的建设，根据"立德树人"的搭建方式，首先是稳健地基，通过立德培育德行全面、根基稳定的人；其次是抟土添砖建设主体，通过先进的文化培育才学深厚、对社会发展有益的人；最后是科学完善整体格局，培育良性发展的社会主义建设者和接班人。

三、立德树人的着力点

（一）瞄准出发点：政治认同

政治认同是主体对政治系统、政治观念、政治原则的认同。政治信仰是国家政治认同的精神纽带，培育政治信仰是促进政治认同的方法之一。当主体具备政治信仰时，表现为以下三个特性：其一，具备政治信仰的主体拥有国家政治认同主观感知的可靠性。这种主观感知的可靠性是对政治制度、政治理想的体验感和内心感知，来源于主体对政治理想、政治发展、未来社会形态的期许和信任。其二，具备政治信仰的主体拥有国家政治认同精神层面的超越性。他们不仅信奉现实的政治主张和理念，同时信奉超越现实的未来社会理想的政治主张理念。其三，具备政治信仰的主体拥有思维层面的非逻辑性。政治信仰是政治认同情感为达到"某种超验的追求"而形成的一种精神状态。这种精神状态的表现是政治主体对政治未来形态的深信不疑，而引起信仰主体在情感和意识上的共鸣和体悟，并且这种共鸣和体悟是不完全以现实为依据的主观意识情感。

我国高校学生的政治认同是拥护中国共产党的领导、拥护社会主义制度，是对中国共产党和中国特色社会主义制度的真挚情感和理性认同、对中国特色社会主义理想信念和弘扬社会主义核心价值观的深刻认同。高校学生是实现中华民族伟大复兴中国梦的有生力量，是新时代中国特色社会主义建设事业的生力军。因此，加强高校学生的政治认同既是我国高校思想政治教育秉持立德树人的育人理念培育学生的必然要求，也是高校思政课建设的"出发点"。

（二）把握切入点：道德修养

道德修养是个人自觉地将一定社会的道德要求转变为个人道德品质的内在过程。思政课教师都应该明确"立德树人，以德为先"的教育理念，结合校本资源和教材资源对高校学生进行道德修养教育。

道德修养是健全人格的重要内容。人格健全的高校学生表现为思想品德、精神面貌、意识举止等方面都符合社会行为规范，并接受过良好的道德教育，能够客观地分析问题、解决问题，能很好地化解其他不良情绪，对待别人和自己都能以"礼"以"德"。道德修养在健全人格中扮演着重要的角色，高校学生只有具备良好的道德修养，将道德意识入脑、道德规则入心，将道德知识内化为思维方式和行为作风，才能形成良好的道德修养，形成完备和健全的人格。

高校学生的道德修养是其承担国家和民族历史责任的道德基础和精神品质，是其担负社会责任、家庭责任、职业责任的重要切入点。高校思想政治教育需要通过加强学生的道德修养教育来推动他们职业道德、家庭美德、社会责任感的培育。

（三）坚持根本点：家国情怀

家国情怀主要包含以下三层意思：首先，在中国传统文化中，"家"与"国"是密切相关的，家和国的思想感情同等重要，家即是国、国即是家，而我们对家国同源理念的认知就形成了家国情怀。其次，家国共同体意识。无论是家的意识还是国的意识，其都是一种集体性质的共同体意识，在传统的家国意识中，所有意识都要服从共同体意识，不能凌驾和超越共同体意识。提倡家国情怀，重视集体意识、社会意识、共同体意识是我们刻在骨子里的文化追求，需要不断地传承和发展。最后，家国情怀有温度、有底线。家国情怀绝不是冷冰冰地服从和牺牲自己的利益，爱国情、强国志、报国行不是建立在仇恨、战争和霸权的基础上，而是建立在尊重、仁爱、共情、善良等基础上的一种包容的发展思想。

高校学生的家国情怀是心里时刻装着国家和同胞，在社会主义建设和发展的伟大实践中，关注时代发展和社会进步，以最真挚的情感热爱祖国。高校落实"立德树人"根本功能，培养家国情怀是着力点。[①] 为加强高校思政

---

① 张波.高校学生家国情怀的培育策略 [J].人民论坛，2019（29）：128-129.

课建设的实效性，高校思想政治教育必须以家国情怀教育为"根本点"，结合真善美，推动高校学生树立正确的世界观、人生观、价值观，引导高校学生将个人成长成才与国家的繁荣富强结合起来，增强高校学生的历史使命感和担当意识，并引导高校学生厚植爱国主义，把爱国情、强国志、报国行自觉融入坚持和发展中国特色社会主义事业中。

（四）抓住关键点：法治意识

法治意识是人们从内心对宪法和法律的信仰和尊崇，是实现中国特色社会主义现代化法治建设的观念基础和软实力。高校学生的法治意识来自思想政治教育理论课和法律基础知识理论课的普及，其中法律基础知识理论课普及的部分所占比重较小。现如今，党和国家加强民主法治建设和增强国民法治观念已经取得一定成果，而高校是学生走向社会的最后一站，为培养合格的社会主义公民和民主法治建设持续推进，法治意识的培育仍然至关重要。

首先，高校学生的法治意识在很大程度上影响着社会主义法治建设进程，高校学生法治意识的提高会辐射到其家庭和其他相关人员的法治意识，推动着全社会法治意识呈扩散型发展。其次，社会主义核心价值观的"自由、平等、公正、法治"中体现了法治的重要性，因而高校思想政治教育必须大力弘扬社会主义核心价值观，用社会主义核心价值观涵养学生，促使法治意识、法治精神、法治情感辐射到社会发展的各个方面，并推动社会精神文明建设和社会法治文化的发展。无论是在社会中还是生活中，高校学生法治意识的提高都切实地推动着中国特色社会主义法治建设。因此，提高学生的法治意识是高校思想政治教育的关键。

（五）放实落脚点：文化素养

文化素养是一切优良品质坚实的"落脚点"，提高文化素养有助于其他优良品质的培育。

文化素养是一种综合性素养，既包括知识又包括能力，既包括品德作风又包括胸怀境界。首先，高校思想政治教育需要引导学生多渠道、宽领域掌握知识，及时补充新的文化知识，使高校学生既能具备系统性知识，又能自行学习和总结规律性知识，科学地看待生活中的人和事。其次，高校思想政治教育需要鼓励高校学生追求真善美，厌恶假恶丑，提高学生对文艺作品、艺术作品的价值认同和欣赏能力，以及对全面发展的五要素中"体、美、劳"独特的欣赏能力和践行能力。再次，高校思想政治教育需要鼓励高校学生勇于承担中华民族伟大复兴的历史使命和对他人、社会、国家的社会责任，识大体、顾大局、顺大势、求大同，敢于奉献，甘于平凡。最后，高校思想政治教育需要引导高校学生坚持表里如一、诚信为本，培养他们独特的思维方式和创造力，既使其能包容外来文化，又能弘扬本国文化。文化素养涉及的层面广泛，政治认同、家国情怀、道德修养、法治意识的培育最后也要落实在文化素质的提高上。文化素养的培育不是某一学科单独培育的结果，而是教育因子集合的成果。因此，高校要进行将文化素养作为高校学生优良品质的"落脚点"，并结合其他学科的教育资源进行综合教育。

第三节　高校立德树人的重大意义

一、深化高校办学理念

（一）坚定扎根社会主义办学的根本遵循

第一，新时代高校立德树人的根本指向在于坚持马克思主义的指导思想。一是马克思主义为新时代高校立德树人提供了思想引领。理想信念是指引新时代高校学生前进的动力，高校以马克思主义为指导进行立德树人建设能够坚定高校学生为中国特色社会主义共同理想奋斗的信念。二是马克思主义为新时代高校立德树人提供了方法指导。马克思主义不是单纯的理论，而是实践经验的总结和升华，为实现共产主义的理想目标提供了现实路径。实践性和人民性的特点启示新时代高校立德树人建设从客观存在的现实问题出发，寻找解决问题的最佳方法。

第二，明确党对立德树人工作的全面领导。坚持党对一切工作的领导是历史和人民的选择。坚持党对高校立德树人的全面领导能够引导广大师生心往一处想、劲往一处使，共同提升思想道德素质。一是坚持党对高校立德树人的全面领导是办好中国特色社会主义高校的最大优势。高校是人才集聚的重要场所，坚持党对立德树人的全面领导有利于完善党委密切联系广大师生机制，能够反映师生的现实诉求，提高立德树人决策的科学性和民主性。坚持党对高校立德树人的全面领导能够牢牢抓住意识形态建设的主阵地，引导师生自觉抵御意识形态渗透的风险，坚持正确的政治方向。二是坚持党对高校立德树人的全面领导是提高师生凝聚力和向心力的重要保证。求同存异彰显了中华民族谦逊包容的优良品质，立德树人建设要扎根人民群众，寻求利益的最大公约数。立德树人是新时代党和人民的共同价值追求，能够使他们达成多方面的共识，形成新时代立德树人的"统一战线"。

第三，教育方针是党和国家在一定时期内提出的关于教育事业发展的总方向和行动指南。推进教育公平是教育事业发展的重要内容之一。当前，城乡之间、地区之间存在着教育资源配置不均衡的现象，无论是家长还是学生都希望享受到最优质的教育资源。这就在社会上引起了部分学区房稀缺、价格昂贵的现象。为此，国家出台了一系列倾斜政策来加大对农村学校的支持力度，如增加教师补贴等。这充分体现了社会主义教育制度在保障教育公平方面的优越性。素质教育致力于学生德智体美劳的全面发展，与共产主义实现人的自由而全面发展的奋斗目标是一致的。立德树人是实现全面发展的重要一环，所以高校加强立德树人建设是落实新时代教育方针的应有之义。

（二）深入培育和践行社会主义核心价值观

第一，高校坚持立德树人必须从"德"字出发，即从社会主义核心价值观出发。一是在国家层面，引导学生增强对于建设富强、民主、文明、和谐、美丽的社会主义现代化国家的责任感。从生态环境角度而言，人的发展对生态文明建设提出了更高要求。文明城市、美丽乡村的建设离不开高校学生生态人格的培育。树立人与自然和谐共生的理念，用自身实际行动践行"绿水青山就是金山银山"的发展方式。二是在社会层面，引导学生增强对于完善自由、平等、公正、法治的社会秩序的使命担当。维系良好的社会秩序，既需要道德的规范，又需要法律的约束。新时代高校学生需要明确权利与义务的关系，自觉遵守规章制度、维护社会公平正义。三是在个人层面，引导学生修内以德，以爱国、敬业、诚信、友善的价值标准规范自身言行，锤炼意志品质，磨砺道德品行，从而提升精神境界。因此，新时代高校立德树人离不开社会主义核心价值观的方向引领。

第二，高校思政课是立德树人的主阵地，也是引导学生弘扬和践行社会主义核心价值观的重要载体。思政课教学中的典型案例，能够端正学生认知、启迪学生思维。

社会主义核心价值观是新时代人民群众对美好生活诉求的凝练表达，是高校立德树人的目标依据，同时社会主义核心价值观的培育和践行离不开高校这一主体。虽然社会主义核心价值观只有简单的二十四个字，但其蕴含着丰富的科学内涵。高校引导高校学生自觉弘扬和践行社会主义核心价值观，需要了解高校学生的知识储备与身心发展规律，有针对性地开展教育。

二、提升人才培养质量

"修身、齐家、治国、平天下"是中国古人智慧的凝结，也是他们留给后世的宝贵精神财富。高校落实立德树人的重要论述有利于引导新时代高校学生严于律己、勤以修身，有助于提升高校人才培养的质量和水平。

（一）坚定理想信念，增强"四个自信"

第一，有利于高校学生在共产主义信念的指引下坚定道路自信。从1840 年鸦片战争至今一百多年的时间里，中国人民实现了由被迫挨打到民族独立再到生活小康的转变，走出了一条符合中国国情的社会主义发展道路。一代又一代的建设者们前赴后继、迎难而上，创造了现如今和平稳定的发展环境。没有哪一个民族能够在如此短的时间内实现如此大的发展。高校学生挖掘革命先烈、时代先锋、人民楷模等英雄人物的事迹，在感受榜样力量的同时坚定了共产主义的理想信念。

第二，有利于高校学生在学习马克思主义基本原理的基础上增强理论自信。中国特色社会主义理论体系是在吸收马克思主义理论精髓的基础上，结合中国现阶段的发展实际逐渐形成的。马克思主义基本原理既是国家大政方针制定的理论基础，又是高校学生个人生活的行动指南。在学习方面，高校学生应坚持马克思主义实践的观点，知行合一，提升自身知识技能；在生活方面，高校学生应坚持以一分为二的观点对待遇到的困难和挫折，保持乐观向上的生活态度。

第三，有利于引导高校学生在坚定中国共产党的领导下增强制度自信。中国特色社会主义制度在维护人民群众根本利益、提升国际社会地位等方面表现出了无可比拟的优越性。例如，三峡大坝的投入使用、港珠澳大桥的建成通车，充分彰显了制度的优越性。在汶川大地震、新冠肺炎疫情等大灾大难面前，中国共产党强大的凝聚力和号召力是战胜困难的关键。新时代高校坚持党对立德树人的全面领导能够引导高校学生增强制度自信。

第四，有利于引导高校学生在增强爱国主义情感中培育文化自信。爱国主义表现为民族自豪感和自信心，这与文化自信是相通的。文化自信表现为对历史上人类优秀文化成果的认同、在现实生活中的躬身实践以及对未来发展满怀期许。中华优秀传统文化在历史长河中经受住了时间和实践的检验，蕴含着丰富的内涵。由此，我们更加坚定地迈出了文化自信的步伐。红色文化、革命文化是培育文化自信的基础，社会主义先进文化是指引文化发展的航标。传承优秀传统文化能够帮助高校学生在激烈的文化竞争中明辨是非、保持清醒头脑、坚定爱国主义信念。

（二）提升品德修养，增长知识才干

第一，大学阶段是人的一生中精力最充沛、思维最活跃的时期，同时也是价值观培育的关键时期。坚持以立德树人为根本是建设新时代一流高校的关键。一是坚持立德树人能够为高校学生营造良好的学习环境。高校学生长期生活在学校生活中，校风的好坏、校园文化建设成功与否能够在潜移默化中影响高校学生的学习行为。校园文化建设的最终目标在于创设浓厚的人文学术氛围，启迪学生智慧，陶冶学生情操，引导学生自觉养成良好的学习习惯。二是坚持立德树人能够为高校学生提供榜样的力量。榜样通过其自身的优良品德以及模范言行，能够给高校学生带来正面的思想和行动引领。俗话说"近朱者赤，近墨者黑"，若高校学生都能够以榜样模范作为自己的行动目标，其感染力和影响力也将带动更多的人。三是坚持立德树人能够把知识传授与价值引导有机结合起来。这就需要教师充分挖掘知识中蕴含的潜在价值观教育资源。增长知识是道德提升的基础，道德提升能够引导学生坚定正确的学习方向。

第二，培养时代新人不仅要有丰厚的知识储备，还要注重道德修养的锤炼。高校立德树人的核心任务在于培育高校学生主体的道德素质。一是坚持立德树人能够引导高校学生学会感恩，如感恩教师的谆谆教诲、感恩父母的辛勤付出、感恩同伴的鼓励扶持等，一个心存感恩的人的内心是充满爱与阳光的。二是坚持立德树人能够引导高校学生学会助人。"赠人玫瑰，手留余香"，助人体现的是一个人内心的仁爱与善良，助人更是助己。坚持立德树人能够引导高校学生在助人的过程中锤炼意志。三是坚持立德树人能够引导高校学生学会谦让。学会谦让体现的是谦虚的个人品格，是一种礼貌待人的基本素养。四是坚持立德树人能够引导高校学生学会宽容。宽容体现的是一种胸怀、境界、智慧和力量。宽容是和谐社会的催化剂，是社会文明进步的重要推动力量。五是坚持立德树人能够引导高校学生学会自省。自省是督促成长的重要力量。教师对自己的教学进行反思，有利于改进教育内容和方法；学生对自己的学习进行反思，能够查缺补漏。六是坚持立德树人能够引导高校学生学会自律。自律是修身成大事者的前提条件，自律通过变被动为主动，有利于高校学生保持健康的体魄和充足的前进动力。

（三）培养奋斗精神，强化担当意识

第一，坚持立德树人有利于培养新时代高校学生"不贪图安逸，不惧怕困难，不怨天尤人"的奋斗精神。一方面，高校立德树人能够激发高校学生转变思想观念，明确人生奋斗的方向和目标；另一方面，高校立德树人能够引导高校学生在心理上由消极转向积极，摆脱困境。

第二，坚持立德树人有利于培养新时代高校学生敢于承担责任、勇于奉献的担当精神。新时代高校学生的责任担当意识总体上呈现积极向上的良好趋势，新时代高校将培养高校学生的责任感和担当精神放在重要位置，有利于高校学生实现自身成长的蜕变，争做时代先锋。

三、传承中华传统美德

中华民族历来被视为礼仪之邦，因为无论是古代社会还是当代社会都特别强调道德建设，强调精神文明发展的高度，由此形成了一系列包括社会公德、职业道德、家庭美德、个人品德在内的传统美德，并且随着时代发展不断赋予其新的内涵。高校落实立德树人的根本任务，能够在加强高校学生传统美德教育引导的过程中不断整合传统美德资源、丰富传统美德教育内容、创新传统美德教育方法。

（一）传统美德教育资源的整合

中华传统美德源远流长、博大精深，既存在于万卷史册中，又深植于社会实践中。教师和学生作为高校立德树人的主体，中华传统美德同样体现在其工作和生活的方方面面。高校落实立德树人的根本任务，能够从更深层次、更宽领域不断整合中华传统美德的教育资源，充分展现传统美德在新时代的活力。

第一，高校落实立德树人有利于引导教师基于教学内容和课程目标充分挖掘书本德育资源。立德树人不仅是高校思政课教师的主要任务，还是各学科教师共同完善立德树人教育体系、提升立德树人实效的重要举措。比如，在历史学科的教学过程中可以引导学生以史为鉴、知古鉴今，树立高度的爱国主义情感。也就是说，高校落实立德树人的根本任务能够充分整合多学科的德育资源，促进中华传统美德的继承和发展。

第二，中华传统美德不仅蕴含在书本之中，还体现于人际交往和社会实践中。教师和学生是教学活动的两大主体，在师生互动、生生互动的教学情

境中，不断涌现出课堂生成性的传统美德教育资源。比如，教师在教学过程中面对基础较差的学生时表现出来的耐心、细心、关心，体现了教师的仁爱之德。"春蚕到死丝方尽，蜡炬成灰泪始干"体现的是教师无私奉献的职业道德。再如，学生在参与团体项目时表现出的舍小我、为大我的精神态度体现了一种集体主义的价值观。因此，在高校师生之间、生生之间的人际交往和教学活动中能够体现出中华传统美德的继承和发展，其正如人体的一个个基因溶于血脉之中，等待着我们去挖掘探索。

（二）传统美德教育内容的丰富

每个时代都有自己的发展特点，每个时代都会涌现出一批让人尊敬的道德模范，不断地为传统美德注入新的时代内涵。高校在落实立德树人的过程中将传统美德的教育资源与时代相契合，能够满足新时代高校学生的发展诉求，能够在更高层次上提升整个社会精神文明发展的高度。

第一，高校在学习时代楷模、榜样典型的先进事迹中挖掘、弘扬助人为乐、奉献社会、遵纪守法的社会公德；爱岗敬业、诚实守信、热情服务的职业道德；尊老爱幼、亲仁善邻、勤俭持家的家庭美德；勤劳善良、宽以待人、忠诚自律的个人品德。充分挖掘新时代中华传统美德的教育要素，结合时代特点推陈出新，能够赋予传统美德鲜活的生命力。

第二，以辩证唯物主义和历史唯物主义的态度传承中华传统美德，能够实现新时代对传统美德的创造性转化和创新性发展。辩证地继承中华传统美德能够克服教条主义思想的束缚。中华传统美德的发展是一脉相承、与时俱进的，但在某个具体时间段却又表现出不同的发展特点。比如，爱国主义作为一种国家的德、个人的德，在不同时期表现为不同的特点。在革命战争年代，爱国主义表现为抗击敌人、保家卫国、英勇奋战；在社会主义和平建设年代，爱国主义表现为坚定理想初心、脚踏实地工作、弘扬社会正能量等。对于国人来说，每年的感动中国十大人物颁奖盛典是一次思想的洗礼。无论是顷刻间的倾囊相助还是数十年如一日的坚守，感动中国人物总能激发起人们思想的共鸣。社会在发展，中国人民的精神文明也在不断地刷新着高度，传统美德只有与时代精神相融通，才能展现新的生命力。

（三）传统美德教育方法的创新

高校对于立德树人重要性的认识不断提升。只有树立科学的立德树人理念，才能创新教育方式，不断提升立德树人的实效性。网络新媒体的发展为传统美德在高校的继承和发展拓宽了空间，充分利用互联网媒体交互平台弘扬传统美德，共享传统美德优质教育资源，能够不断拓宽传统美德教育辐射范围。同时，网络新媒体的出现和应用也蕴含着深厚的道德要素。作为一个开放自由的公共资源平台，遵守网络秩序、规范行为举止是个人品德在网络场域的体现。新时代高校学生是深受互联网影响的一代，其人际社交活动与网络密切相关，依靠网络联络与家人、朋友、师长的情感，同样体现了一种友善仁爱的传统美德。高校不断调整立德树人教育的方式方法，迎合新时代高校学生的心理发展需求，发挥校园新媒体的带动作用，对于传统美德的弘扬和践行具有积极意义。

传统美德教育的关键在于言传身教。高校提升立德树人重要性的认识，能够引导教师及相关工作人员自觉践行传统美德，通过自身的一言一行在潜移默化中促进高校学生良好道德品质的养成。隐性教育是新时代立德树人积极倡导的一种教育方式。新时代校园文化建设为高校提供了隐形的教育资源，大到学校地标性建筑、广场，小到教室走廊宣传标语、偏居一隅的形象雕塑，其体现出的丰富内涵都是传统美德教育方法在新时代创新的表现。随着时代的发展进步，传统美德教育方法"从灌输式""填鸭式"逐步转变为启发式、共享式，能够极大地调动师生共同成长进步的积极性，使传统美德教育在新时代焕发出蓬勃力量。

第三章 高校立德树人系统运行机制的构建

第一节 高校立德树人的全方位开展

高校对于解决立德树人建设中存在的问题必然起着主导作用，而高校要发挥其主导作用，还离不开系统完善的对策体系，这也就要求高校全员全过程、全方位开展立德树人工作。

一、完善教师队伍建设，全员引导立德树人

高校是立德树人的主阵地，教师是立德树人的主力军。高校要落实立德树人的根本任务，就要先建设一支完善的教师队伍，只有具备一支有坚定的立德树人理念、有扎实的专业素质和崇高的师德的教师队伍，才能不断推进立德树人的贯彻落实培养德才兼备之人、全员引领立德树人根本任务的实现。

第一，强化立德树人理念。理论是行动的先导，高校要贯彻落实立德树人教育工作，首先要树立立德树人理念。立德树人理念，不仅是历代优秀教育家共同倡导和遵循的教育理念，也是中国共产党对我国教育发展历史经验的吸收和借鉴，满足了教育对人自由而全面发展的客观需要。一方面，要认识到"育人为本"。教师要将人才的培养当作其工作的根本任务，摆在其工作的中心位置，围绕学生、关照学生、服务学生，不断提高学生的思想水平、政治觉悟、道德品质、文化素养，使学生成为德才兼备、全面发展的人才。教育的根本任务在于培养人，教育事业要向学生传授知识，培养学生能力。另一方面，要认识到"德育为先"。这不仅要求高校在整个教育工作中将德育摆在首要的位置，使德育发挥其对整个教育工作的引领和指导作用，还要求教师将德育视为其教育的首要任务，引导高校学生树立正确的价值观，不断提高高校学生的思想道德素质。高校教师只有强化立德树人理念，才能更好地培养德才兼备的学生，才能发挥其推动立德树人实现的前提和基础作用。其次，强化教师立德树人理念，一方面，要加强对立德树人理念的研究，使立德树人理念更加科学和系统。高校要在已有研究的基础上，充分利用学校的优势和条件，不仅要广泛开展立德树人理念相关问题的专题讨论，积极鼓励全体教师参与其中，还要不断创新立德树人理念相关的理论研究，最终产生相应的科学研究成果。只有这样，才能以更加系统和科学的真理来不断强化立德树人理念。另一方面，高校要积极开展立德树人理念的宣

传教育工作。高校要借助规范设置，运用各种宣传载体、传播手段对立德树人理念的近期研究成果、相关理论知识以及在立德树人过程中涌现的先进人物和典型代表对广大教师开展有针对性的宣传教育，以此引发他们的思考，不断强化他们的立德树人理念。

第二，发挥教师主导作用。落实立德树人根本任务，培养德才兼备的高校学生，关键在于教师。高校教师自身的思想道德修养对高校学生具有极强的示范性和感染性，高校教师要发挥立德树人的主导作用，推进立德树人根本任务的实现。高校教师除了要具有坚定的立德树人理念，还必须具备良好的思想道德素养和扎实的专业素养。首先，高校要加强对教师的思想政治教育，以发挥其立德树人的主导作用。一方面，高校要采取各种形式和举措对教师开展理想信念教育，如各种教师大会以及政治学习等，不断加强其对马克思列宁主义以及马克思主义中国化的理论成果的学习和理解，从而使其坚定马克思主义信仰。高校教师必须自己先树立正确的理想信念，才能引导高校学生立马克思主义信仰之德，才能在立德树人中发挥主导作用。同时，高校还要有针对性地开展相关理论与现实问题的专题培训，帮助教师解决困惑。另一方面，高校要加强教师对立德树人相关理论知识的学习。高校要通过各种形式，加强教师对马克思主义理论的学习，使其坚定马克思主义立场、观点和方法，并能熟练掌握和运用，在教学过程中正确引导高校学生解疑。同时，高校还要加强教师的政治理论学习，引导其关注现实和国家的方针政策，从而在立德树人过程中发挥主导作用。其次，高校要加强对教师专业能力的培养，以发挥其在立德树人中的主导作用。教师的专业能力直接影响着教育效果，高校要不断优化和发展教师教学发展中心、基层教学组织等机构，不断发挥教学经验丰富、专业能力突出的教师示范表率和帮带作用；还可以举办各种专业能力技能大赛，以此激励教师不断提升专业能力。只有具备了更加高超的专业能力，教师才能发挥主导作用，推动立德树人根本任务的实现。

第三，加强师德建设。师德是教师应该遵守的最基本的道德修养，是教师在教育实践过程中应当遵守的道德观念以及行为规范的总和。教师的师德体现着鲜明的立德树人德育主张，师德对学德的影响是深刻且持久的。[①]育人者必先律己，要推进立德树人根本任务的实现，必然要加强教师的师德建设。首先，高校要重视对教师师德的培养。高校要加强对教师的师德培训，将师德培训纳入教师培训体系，使教师形成良好的道德修养。其次，高校要

---

① 宋婧琳，张华波.立德树人，为何首在立师德 [J].人民论坛，2018（2）：122-123.

建立和完善教师师德考评制度。高校要在遵守国家法律法规的前提下，结合本校发展的实际建立统一的师德考评标准，运用科学的评估体系将师德的高低与育人质量的高低相关联，保证教师师德评价的公平性和合理性。同时，高校还要注重教师个人信用记录和诚信承诺机制的建立，严格考核管理，以此作为教师师德考评的依据之一。最后，高校要建立和完善教师师德奖惩制度。要对具有崇高师德的教师进行相应的物质奖励和精神奖励，并积极进行宣传表彰，以此来激励其他教师效仿与学习，不断内省自身的道德信念及道德行为，从而提高自身师德修养；高校要坚决反对和抵制违反师德的行为，加大惩处力度，实行违反师德一票否决制。只有这样，才能不断加强教师师德建设，不断提高教师自身的道德品质，从而为学生树立积极向上的榜样，推进立德树人根本任务的实现。

二、充分利用思想政治理论课主渠道，全过程实现立德树人

贯彻落实高校立德树人工作的最重要的依托是思想政治理论课，要不断推进思想政治理论课的建设和改革，充分利用这个主渠道。同时，高校还要将立德树人融入其他课程，不断拓宽立德树人的新渠道，全过程实现立德树人。

第一，加强思想政治理论课建设和改革。高校的思想政治理论课涵盖了立德树人的基本要求，对于高校学生的信仰确立、价值引领发挥着重要作用，可有效推进立德树人工作的实现。然而，目前思想政治理论课教学过程中存在着诸多问题，为提高和改进思想政治理论课带来了紧迫感。要充分发挥思想政治理论课的主渠道作用，就要加强思想政治理论课的建设和改革。首先，要坚持正确的改革方向。要遵循思想政治工作规律，遵循教书育人规律，遵循学生成长规律，推动思想政治理论课改革创新，不断增强思政课的思想性、理论性、针对性。这不仅是对当前思想政治课建设和改革所提出的具体要求，更是高校要坚持的正确的改革方向。其次，要深化教育内容。一方面，将理论与现实相结合。在不断加强马克思主义理论、社会主义核心价值观等理论教育的同时，更要将其与现实问题相结合，不断引导学生正确认识和把握当前国内外发展的潮流和趋势，更深入地认识人类社会发展规律，更加认同中国特色社会主义的必然性和规律性。这样不仅能使高校学生坚定共产主义远大理想和中国特色社会主义共同理想，还能培养高校学生用正确的理论分析和解决现实问题的能力。另一方面，其有协同性和连续性。所谓协同性，是指教育内容不能过于单一，而是要协同各方面内容的教育。只有

协同各方面教育内容，才能更好地发挥教育作用，达到教育效果。所谓连续性，一是针对目前思想政治理论课普遍只开设在大一和大二年级容易导致教育内容中断的现状，要在大三及大四年级开设不局限于课堂但形式多样的思想政治理论课，使其教育内容更加连续；二是在本、硕、博三个阶段开展思想政治教育内容相互衔接的教育。最后，要不断创新教育方式方法。一是改变教学语言，教师可以选择较为生活化、幽默化且更为贴近学生特点的网络语言，并将其与本校的特色文化及现实相结合，这样就能激发学生的兴趣，从而提高教学效果。但需要强调的是，在使用这些语言时要避免庸俗化。二是改变讲授方法，由讲授向体会转化、由说教向引导转化。这就要求教师多采用启发式、参与式和探究式教学，坚持问题导向和互动教学，不断发挥学生的主体作用，调动学生的学习积极性，从而提高教学效果。三是要因材施教。教师要根据每个学生的特点，有区别、有针对性地开展教育。比如，对于少数民族学生和在浓厚宗教信仰氛围中成长的学生，教师要根据他们的民族特点和宗教信仰开展教育，积极地进行相关引导。只有不断加强思想政治理论课建设和改革，才能切实提高教学质量和效果，从而培养出德才兼备的高校学生，促进立德树人根本任务的实现。

第二，将立德树人内容融入其他课程。高校立德树人任务仅仅依靠思想政治理论课这一主渠道是远远不够的，还要将立德树人相关知识和理论融入其他课程教学过程中，使各类课程与思想政治理论课同向同行，形成协同效应，以此不断发挥协同育人的作用，从而推进立德树人根本任务的实现。首先，教师群体灵活运用立德树人相关知识和理论，避免出现各科教师"各自为政"的情况，应使学生受到积极的影响。其次，各科教师要认清学科特点，有针对性地融入立德树人相关内容。对于哲学社会科学等相关学科而言，要始终坚定马克思主义的基本立场、原则和方法，以此来把握学科的建设以及作为教学的指导；对于自然科学等相关学科而言，则要牢牢把握以马克思主义为指导的主流意识形态的地位，在教学过程中也应体现出马克思主义的世界观和方法论。最后，要充分挖掘其他各类课程中隐藏的立德树人资源。其他课程中也具有十分丰富的立德树人相关素材，应将立德树人相关内容与之进行无缝衔接和渗透，有理有据地对学生进行教育，提高立德树人的实效性。只有这样，才能弥补思想政治理论课对高校学生立德树人作用发挥不够的短板，使高校学生在所有学科的学习中都能接受到立德树人教育，从而不断提高自身的综合素质。只有发挥其他课程协同育人的作用，才能推进立德树人根本任务的实现。

第三，拓宽立德树人新渠道，实践育人。高校立德树人不仅要注重"第一课堂"的建设，更要注重"第二课堂"——实践的建设和发展，以此不断拓宽立德树人的渠道。第二课堂是高校立德树人、培养德才兼备之人的重要载体和平台，学生所学习和领悟到的知识以及能力，无论是道德观念还是专业技能，都必然要通过实践才能得到训练与提升。在实践育人过程中，高校学生是实践的主体，其主体性能得到完全的发挥，在一定程度上弥补了立德树人理论教育中不能有效发挥高校学生主体性的不足。人们对某一思想理论正确与否的判断，最直接的方法便是通过自身的社会实践活动来把握理论的真理性。正如涂尔干所讲："从根本上讲，真正的德性在于以一种适当的方式行事，能够将自己身上某种内在的方面加以外化，而根本上不在于对高尚的图景和动人的品格闷头进行精神构建和个人沉思。"[1] 高校学生对立德树人理论知识的掌握，必然要通过实践活动才能得到检验升华。只有当个人参加一定的社会实践活动时，才能对道德规范所包含的源生活内容和意蕴获得切身的体验，从而加深对规范的理解。[2] 因此，高校要拓宽立德树人的新渠道，重视实践育人，以此推进立德树人根本任务的实现。一方面，高校要鼓励高校学生走出校园、走向社会，直面社会的发展，了解国情、社情，直观感受经济、政治以及道德状况的变化发展；另一方面，高校不仅要将立德树人覆盖到社团活动中，使高校学生在参与社团活动过程中潜移默化地受到影响，还要积极开展社会实践活动，如社会调查、志愿服务等，使高校学生不断巩固自身的思想道德观念，践行道德行为，树立正确的价值观和社会责任感，锻炼处理问题的能力，最终促进立德树人根本任务的实现。

三、创新高校立德树人体系，全方位开展立德树人

高校必须创新高校立德树人的相关体系，加强对高校校园文化和立德树人相关机制的建设，全方位开展立德树人。

第一，注重校园文化建设。校园文化是在学校长期的建设和发展过程中经过历史的积淀而不断产生的一种特殊的文化形态。一般来说，校园文化由校园物质文化、校园精神文化及校园制度文化三部分组成，其中校园精神文化是核心和灵魂。校园文化能够达到育人的目的，也就是文化育人。文化育人不同于理论和实践育人，它总是渗透性地、潜移默化地对学生的思想观念

---

① 涂尔干.教育思想的演进 [M].李康，译.上海：上海人民出版社，2006：290.
② 刘惊铎.体验：道德教育的本体 [J].中国社会科学文摘，2003（3）：54-60.

产生影响，自然地塑造着学生的行为方式，同时校园文化的熏陶培育还能最广泛地覆盖高校学生群体，成效较好且成本低、阻力小。高校要推进立德树人的实现，必然要注重校园文化建设。首先，校园文化建设要以中国特色社会主义文化为指引。中国特色社会主义文化是传承中华优秀传统文化、结合先进文化实践的最新成果，以此为指引建设校园文化，能够保证其建设方向的正确性。其次，要重视校风、学风建设。校风、学风体现了高校的精神文化，体现了高校师生的精神风貌，更是育人的重要资源。高校要不断挖掘、充分利用校史资源，同时结合校训、校歌等载体，加强校风、学风建设，发挥其育人作用。最后，高校要营造良好的校园文化氛围。要开展广泛的校园文化活动，不仅要开展学习典型活动，定期开展学术论坛与讲座，如与马克思主义理论相关的讲座以及对马克思主义经典著作相关的朗诵、阅读等活动，引导高校学生活学活用马克思主义理论，还要开展以学生社团和协会为主要载体的校园文化艺术活动，从而提升学生的艺术修养，涵养学生的道德情操，提高高校学生的综合素质。高校要注重加强校园文化建设，使学生在不知不觉中接受教育，不断提升和塑造自己，达到文化育人的目的，以此推进立德树人根本任务的实现。

第二，构建高校立德树人有效机制。高校立德树人有效机制的构建，一方面是立德树人工作开展的内在要求，另一方面是最终实现立德树人的有效保障。因此，高校要着重构建并不断完善立德树人的有效机制，要做到有破有立。"破"，即是对当前存在的会对立德树人的实现起阻碍作用的机制给予破除，如对学生的评价机制过于唯分数论、唯论文论，以及在教育评估上存在的"一刀切"现象等偏离立德树人方向的落后机制的破除；"立"就是要健全立德树人系统化落实机制。首先，要构建完善领导机制。健全完善的领导机制是构建高校立德树人有效机制的首要和前提。一方面，要强化党委对立德树人工作的全面领导，牢牢掌握意识形态领导权，同时成立专门的立德树人工作小组，整体规划、系统落实并有效监督；另一方面，以校长为主要负责人的行政系统要结合各教育单位、各工作部门支持党委的决策，协同推进立德树人工作。其次，要构建有效激励机制。有效的激励机制对立德树人的实现具有强有力的推动作用。一是榜样激励，即在立德树人工作过程中，要选择对推进立德树人工作实现起主要作用的教师以及积极践行立德树人的高校学生作为榜样，使其他教师和学生不断向这些榜样看齐，从而提升自己。二是奖惩激励，即奖励与惩罚相结合，对推进立德树人工作实现起主要作用的教师以及积极践行立德树人的高校学生进行相应的物质奖励和精神奖励；对那些消极的教师和学生进行科学合理的惩罚，绝不姑息。最后，要构建有效评价机制。有效的评价机制也是贯彻落实立德树人的推进器，高校要立足实际，借鉴相关经验，构建科学合理的评价体系，并将评价的重点放到立德树人工作上，放到人才培养上。只有构建高校多维一体的立德树人有效机制，才能切实保障立德树人工作的贯彻落实，才能最终完成立德树人的根本任务。

第二节　高校立德树人环境的优化

一、高校立德树人内部环境的优化

（一）重视校园物质文化建设

高校校园文化是我国社会主义文化的重要组成部分和展现形式，它不仅对我国高校的发展具有极强的影响，还对高校学生"三观"的形成具有很强的辐射力和渗透力。[①] 校园物质文化作为校园文化的物质载体，是高校"立德树人"文化的外在标志。和谐健康、充满人文关怀的校园物质环境，伴随着时间和空间上的变化，会不同程度地影响人们的认知和情感。校园物质文化建设的目的就是使它成为承担精神文化的载体，承载校园长期积淀、独具特色的文化底蕴。这样不仅可以为全校师生提供积极健康的教学环境，还能净化全校师生的心灵。

校园物质文化环境犹如高校"立德树人"的"教育场"，为建设优美的校园环境，就必须发挥其内在的育人作用。首先，要完善校园基础设施建设。学术报告厅、水上书吧、科研基地以及文体娱乐中心等活动场所，不仅可为高校学生提供舒适的学习环境和愉悦的娱乐场地，还可为高校学生提供一个发展自我、展现自我的多维舞台。其次，建设传承人文精神的建筑。比如，与高校学生朝夕相伴的学习和生活场所包括教学楼、宿舍楼、图书馆、实验室等，它们不是简单的"物"，而是承载着深厚底蕴的物质文化，对高校学生的文化自信精神培养方面具有重要的意义。尤其是那些历

---

① 冯莉，田园．基于社会主义核心价值观视角的高校校园文化建设 [J]．沈阳大学学报（社会科学版），2015，17（2）：277-280．

史悠久的学校，其校内一般有古色古香的建筑、校史上的名人雕塑以及百年的天然植被等，不仅具有较高的欣赏价值，还承载着中国博大精深的文化元素，更能使中国特色的文化理念渗透到校园物质环境中，以此达到立德树人的作用。

（二）强化校园精神文化建设

精神文化是人类文化的核心所在。校园精神文化是高校的"魂魄"。校园精神文化集中体现了高校独特鲜明的文化个性和办学理念，反映了高校"立德树人"的追求和信念。因此，强化校园精神文化是当务之急，而且十分必要。校园精神文化的力量是巨大的，尤其是对当今高校学生思想品德的养成以及心理素质的形成具有重要的意义。校园精神文化作为高校"立德树人"的隐性资源，对高校师生的行为、心理、情感意志、人格塑造起着激励导向作用，对高校的昂扬向上、永续发展起着重要作用。

高校加强校园精神文化建设，应该契合"立德树人"时代内涵，突出"立德树人"主旋律，使校园文化对人产生相对持久的影响。第一，发扬学校优秀历史传统。校园文化以社会传统文化为底蕴，具有深厚的历史渊源和历史继承性。高校在传承与发扬优秀传统时，要挖掘其校史资源，发掘其独特的价值观，厚植校园文化底蕴，锻造师生精神底色。第二，培育和弘扬高校精神。科学的高校精神反映了高校的教育本质、办学规律和时代特征，既是高校的风格和魅力所在，又是高校的精神财富。这种精神犹如阳光一样浸染着每一位高校学生，塑造着每一位高校学生的精神品格。简言之，高校精神传达出的既是对先进文化思想的深度解读，也是对高校学生价值观念的人文烛照。高校精神所展现出的感染力、凝聚力和向心力内化为高校学生的思想观念和行为准则，使高校学生在内心形成新的"灵魂世界"，并自觉发扬、升华，奏响高校"立德树人"的时代最强音。第三，深入挖掘高校"标识"文化。高校常见的标识有校徽、校旗、校歌、校训、校服等。这些标识不仅体现了高校对学习者的高度期望，还表达了高校对学习者的人文关怀。因此，深入学习和了解"标识"建设，有助于高校学生提高精神境界，传承高校"立德树人"独有的"校味"。

（三）加强校园网络文化建设

随着网络技术的快速发展，网络所携带的文化因子在人群中广泛传播。网络环境不仅成为人们文化和思想交流的阵地，还为人类良好道德素质的养成提供了广阔的平台。随着互联网技术的不断加强和手机的快速普及，高校网络环境为高校学生上网和"窥探"外面的世界提供了便利。校园网络环境可以提高高校学生的知识文化素养，为高校学生带来形式多样的视听感官刺激，提高高校学生的知识理解度。校园网络环境还为高校学生提供了个性化的人际"朋友圈"，有助于提高他们的社交性应用能力。但是，校园网络环境本身还具有一定的隐蔽性，这就需要我们加强高校网络文化建设，遵循网络道德要求，保持正确的网络道德观和价值观，以便更好地贯彻落实高校"立德树人"的根本任务。

高校要充分把握网络环境的特点，有效利用网络传播的优势，以积极的姿态合理巧妙地使用互联网这一重要阵地，全面推进高校"立德树人"教育实践活动。一是创新网络平台内容。高校要打造简洁美观、富有活力、具有时代气息的校园网站、校园公众号等平台，坚持正确的政治方向，紧扣"立德树人"的时代主题，结合高校学生成长发展的特点，不断优化网站内部结构，提高网站的访客量和点赞率，使高校学生在自主学习过程中接受主流文化的洗礼。二是积极开发健康的网络文化作品。高校要运用和经营好诸如微信、微博、抖音、快手等多种媒体形式，内容要丰富多彩，集文字、图片、声音和动画为一体，创作出有深度、有温度、有热度的，以及容易让高校学生接受、理解和认同的网络文化作品。三是要开展形式多样的校园网络文化活动。高校应利用一些重大事件节点，把握好育人契机，将其与日常思政教育有机融合，适时地开展主题鲜明、感染力强、丰富多彩的思想政治教育活动。高校可以开展特色网络活动，利用慕课、远程视频等网络模式，将丰富的校园文化活动与教学有机结合起来，鼓励学生积极参与，扩大教育的覆盖面与受益面，增强立德树人教育的实效性。

二、高校立德树人社会环境的优化

（一）完善社会主义市场经济体制

正确理解个人利益，是整个道德的基础，个人的经济利益影响着个人的道德水平。同时，经济基础决定上层建筑，道德体系及道德观念属于上层建筑的范围，必然受制于经济基础。也就是说，经济利益影响着整个社会的道德规范以及体系的构建。因此，只有逐渐完善社会主义市场经济体制，才能与之形成相适应的、良好的道德规范体系，才能在整个社会形成良好的道德氛围，从而对高校学生产生积极的影响，推动立德树人根本任务的实现。而完善社会主义市场经济体制的关键和核心在于处理好政府和市场二者之间的关系，即要发挥市场配置资源的决定性作用以及政府宏观调控的作用。市场决定配置资源体现了市场经济规律，只有减少政府对市场的干预，才能不断提升市场化水平，为相应的道德建设提供经济基础，提高各市场主体的道德水平，从而提升整个社会的道德水平，在全社会形成良好的道德氛围。政府应该积极发挥调控作用，引导建立与市场相适应的、良好的道德规范和体系，并做好监督和保障工作，从而形成良好的社会经济环境。良好的社会经济环境能更有效地引导高校学生树立正确的道德品质，对高校学生的成长成才起着积极健康的促进作用，有利于推动立德树人根本任务的实现。

（二）用主流价值观引领多元价值观念

高校培养学生树立正确的价值观是立德树人的基本。然而，在当前诸多复杂因素的影响下，西方的多元价值观念及各种错误思潮入侵，在整个社会形成了不良价值倾向，加大了高校学生价值观的培养难度。因此，当下要做好对高校学生价值观的培养和树立工作，就要先做好价值澄清工作，用主流价值观回应多元价值观，抨击各种错误思潮，从而帮助和引导高校学生正确认识多种价值观，坚守正确的价值观。第一，要在马克思主义的指导下，对西方国家传入的多元价值观进行澄清。高校要系统深入地分析这些多元化的价值观，剖析其现实成因，向高校学生阐明其会带来的严重危害和消极影响，也要引导高校学生合理吸收、借鉴其中符合自身价值观树立的积极因素，坚决抵制其中的腐朽和糟粕。第二，发挥主流价值观的引领作用。社会主义核心价值观是我国积极倡导的主流价值，从国家层面、社会层面以及个人层面进行规范要求，在当下多元价值观念影响下，更要强化其引领作用，不断加强社会主义核心价值观与高校学生学习生活的融会贯通，使其成为高校学生的日常行为准则，从而自觉培育和践行社会主义核心价值观。在这一过程中，多元化价值观念带来的影响会大大降低，其危害会不攻自破。在价值多元化的条件下，做好价值澄清和加强主流价值观的引领，是树立正确价值观的基本要求，能够推动立德树人根本任务的实现。

（三）加强法治建设，营造良好法治环境

衡量高校立德树人是否取得成效的标准之一是高校学生是否能够自觉践行立德树人相关行为。高校学生践行立德树人相关行为，除了自身的自觉性，还需要相应的约束。这个约束表现在两方面：一是道德；二是法治。道

德依靠良心和社会舆论对高校学生起约束作用，其约束力相对较弱；法治则依靠法律法规的强制性对高校学生起约束作用，其约束力相对较强。只有加强法治建设，营造一个良好的法治环境，才能对高校学生起到积极的约束作用，从而推动立德树人根本任务的实现。

首先，要不断建立健全相应法律法规，使高校学生有法可依。当下我国的法律法规虽然在不断地建立和完善中，但法律始终不可能囊括生活的全部，尤其是在一些道德与法律交错的模糊地带，高校学生容易受到外界的不良影响，诱发违法犯罪行为。因此，要不断建立健全法律法规，使高校学生明确法律法规的要求，从而自觉遵守。其次，执法部门严格执法。执法部门要严格根据法律法规的要求，加大执法力度，真正做到违法必究、执法必严。一方面能够保证法律的公平、公正，维护法律的尊严，增强法律的公信力；另一方面也能对高校学生起到良好的警示作用。最后，要在全社会大力弘扬社会主义法治精神。只有如此，才能使广大人民群众将法治内化于心，从而自觉遵守法律法规，在全社会形成良好的法治环境，使高校学生受到积极的影响，从而推动立德树人根本任务的实现。

（四）把握微时代，加强网络育人功效

网络环境是社会环境的重要组成部分，当代高校学生的生活、学习都离不开网络，网络深刻地改变了高校学生的思维方式、行为方式以及社会交往方式。高校要贯彻落实立德树人工作，推进立德树人根本任务的实现，就要充分利用和把握微时代，优化网络环境，做到网络育人。一方面，要加强对网络信息的监管，确保网络信息的真实和安全，对于大肆传播虚假信息以及扰乱网络安全秩序的行为给予严重惩罚，为高校学生营造一个良好的网络信息环境；另一方面，要将立德树人与新媒体技术相融合，占领网络阵地。高校不仅要用活新媒体技术，将传统思想政治工作的优势与信息技术高度融合，从而牢牢把握网络话语权，不断提高立德树人的时代性，还要善于利用微媒体，搭建微平台，通过微博、微信等微媒体，将立德树人的相关理念渗透其中，从而不断发挥网络育人的作用，推进立德树人根本任务的实现。

第三节　家庭教育及高校学生自身修养的提升

一、完善立德树人的家庭教育

家庭教育在高校学生的成长成才过程中至关重要。家庭教育是以血缘亲情为基础进行的教育，教育的主体是父母及其他家庭成员，教育的主要方式是以行导人、以情感人，是潜移默化地进行的。[①] 父母要重视家庭教育，采取良好的家庭教育方式，形成立德树人的合力，助力立德树人根本任务的实现。

（一）正确使用家庭教育方法

在采取正确的家庭教育方法之前，要认识到其对高校学生家庭教育的重要性。父母首先要认识到家庭教育不是阶段性的教育，而是伴随着孩子的一生，意识德行的培养是长久的，因而不能因为高校学生已经成年便不再对其进行家庭教育，忽视对子女德行的培养。一方面，家庭教育要因材施教。这就要求父母根据高校学生的特点以及孩子的性格特征进行有针对性的教育。另一方面，父母要以身作则。虽然高校学生在年龄上已经成年，但其心理和心智仍然不成熟，还是十分容易受到父母言传身教的影响。其身正，不令而行；其身不正，虽令不从。[②] 这就更要求父母在家庭教育中为学生做好榜样示范。

（二）注重家风建设

家风是通过时间的积淀，在某个家庭或是家族中世代延续下来且具有相对稳定性的良好精神风尚和行为习惯的总和。家风不仅是良好家庭美德的传承，更是家庭的精神内核。良好和谐的家风对高校学生立德树人具有重要的影响。首先，要发挥家庭核心人物的人格力量，通过其核心人物的言传身教，对高校学生产生潜移默化的良好影响。其次，要不断挖掘与整合优秀传统文化中的家风家教资源。我国优秀传统文化中蕴藏着丰富的家风家教资

---

① 骆郁廷.思想政治教育原理与方法 [M].北京：高等教育出版社，2010：275.

② 钱逊.论语读本 [M].北京：中华书局，2007：157.

源，如《曾国藩家书》，父母要吸收借鉴、挖掘整合中华优秀传统家训家风文化以及老一辈革命家的家风，结合自身家庭的历史和现实，建设良好家风。只有不断完善家庭教育，才能不断地对高校学生产生熏陶作用，培养其良好的道德观念和道德行为，助力立德树人根本任务的实现。

二、高校学生自身修养的提升

（一）增强高校学生的自我教育意识

随着时代的发展，人自身的人道原则的修治逐渐被引申为自我教育。苏霍姆林斯基曾说："只有能够激发学生进行自我教育的教育才是真正的教育。"[1] 但是，从高校学生自身的被动性与特殊性来看，他们必须通过高校的教育与引导才能实现自我教育。激活高校学生的自我教育意识，不仅有利于高校学生"德"的内在转化，还有助于高校"立德树人"的有效发展。为了使高校学生更好地适应时代变化和社会需求，高校要不断激发他们的自我教育意识，充分调动他们自身的主动性，使他们不断形成思想道德品质的持久动力。高校需要做到以下两点：首先，高校要树立以学生为本的教育理念，把握好高校学生的政治思想倾向。高校应该根据高校学生的发展需求，及时了解高校学生的动态信息，与高校学生进行平等的深入交流，让高校学生充分把握自我教育中的主动权，培养高校学生"有问敢提，有问自提"的教育方式，不断增强其自我教育意识。其次，高校要引导学生客观地认识自己，明确自己的定位，让高校学生认识到自我教育不仅是要加强自身的素养，还要积极承担社会的责任。高校要坚持不懈地做好立德树人工作，用马克思主义的理想信念来说服学生、引导学生，让高校学生信服、认可和崇尚，并将其内化于心，最终作为高校学生自身思想和行动的指南。高校还要注重价值观的正向指导，让高校学生学会自觉承担社会责任，以理性的认知把握我国的时代大局，坚定自身价值观自信，优化自身道德品质，将自身的发展融入国家建设中，自觉成为时代的践行者。

（二）提升高校学生的自我体验能力

高校学生道德品质的塑造和完善，需要自身在道德体验中形成新的德

---

[1] 苏霍姆林斯基.给教师的建议 [M].周蕖，王义高，刘启娴，等，译.武汉：长江文艺出版社，2014：264.

性和道德境界的实际变化，从而达到内心的认同感，并在生活中做到自我分析、评价和行动。为了培养高校学生的体验能力，高校应将立德树人的理念潜移默化于育人实践过程中，不断提高教育质量，为莘莘学子提供更好的学习氛围。高校学生投身道德体验中，就是将浮在外表的教育内化为行为与观念，同时在实践体验活动中牢固树立服务人民、服务社会的意识，最终达到自我价值的升华。

高校"立德树人"不能脱离高校学生的自我体验。这种体验以高校学生的自主活动为展现形式，给予高校学生个性发展的充足空间，可极大地激发高校学生对体验活动的兴趣，让高校学生在体验中感受到教育。为此，设计体验活动要有新视角、新思路。首先，高校要广泛开展实践体验教育活动，并将其纳入教学环节中，鼓励高校学生主动参与其中，并将高校学生实践的结果记录到档案袋里，使高校学生在自我体验中获得道德情感的升华。其次，高校要积极开展课外活动，提高高校学生的实际动手能力，使高校学生在自我体验中增强社会责任感和历史使命感。同时，高校学生也应在高校的正确引导下，自觉主动地投身社会实践，为自身体验寻找锻炼机会，从而提高自身的体验能力。

（三）加强高校学生的自我调控能力

面对当今社会的各种压力，高校学生可能会产生困惑和负担。因此，高校应根据学生主体的认知行为进行适时的调节，加强学生的自我调控能力，并将学生自身的道德需求与高校"立德树人"效应联合起来，实现双赢。

在加强高校学生自我调控能力上，高校应采用科学的方法，以保证学生道德自我教育的不断推进。首先，高校要对学生的自我调控进行科学的引导。高校要将立德树人的要求纳入科学评价体系中，通过对高校学生的政治素养、道德品质、学业成绩等进行综合评价，找出高校学生发展中存在的问题和差距，及时找准突破口，对高校学生给予正确的思想指导，引导高校学生在反思中调节自己，提高自身综合素质。同时，高校教师在教学实践中应为广大学生树立榜样，通过正反面典型事例对比，发挥榜样对高校学生的正能量作用，以此来调控自己的道德行为。其次，高校要加强对高校学生的自我监督。为培养品德高尚的学生，高校可以从"立德"的目标设置上下功夫。例如，在"立德"的具体情感体验活动中，学生会遇到许多不可预知的情况，这就需要高校检查和监督学生是否按照"立德树人"的教育目的来实施调控，并将结果及时反馈给学生，引导学生自我反省、自我检查、自我监督，及时调控自身的思想行为、情感态度，提高意志力和抗压能力，最终增强自我调控能力。

第四章　高校学风简述

第一节　相关概念阐释

一、概念界定

（一）学风

何谓学风？学即学习，风即作风、风貌。学习是每个人生活、发展不可或缺的东西。作风与风貌是独立存在的，必须依附于某个主体，并受所处的时代与环境的影响。因此，任何一个时代、一个民族、一个国家、一个政党、一个企业、一所学校以及一个人都具有它自身独特的学习作风。学风不是孤立的，它受政治、经济、文化以及社会环境的影响。

高校学风是指在一定学习环境中，直接或间接参与学习活动的人们所持有的相对稳定的、带有一定倾向性的精神风貌与行为方式的总和，是全体师生群体的学习认知在求学、治学上的集中体现。高校学风既是一种无形的精神力量，也是学生学习、教师教学及科研、管理者（包括干部）在治学与管理中外露的行为方式习惯与精神面貌。

学风有广义、狭义之分。广义层面的学风是指在一定时期内某团体或组织的学习风气。高校的学风是广义层面上的学风，包括教师、学生、管理人员和服务人员的学风。狭义的学风则是指一定时期内某种个体的学习作风，如学生的学风。

（二）学风建设

学风建设指创建新学风、增加新学风和充实新学风。高校学风建设是一个系统工程，主要内容包括教师教风建设、管理干部的作风建设以及学生学风建设三个方面，这三个方面缺一不可，相互制约、相互影响，构成了一个有机整体。高校教师既是学生学习的指导者，又是学生思想的引路人，他们的思维立场、治学态度、行为方式无一不直接影响并制约着高校学生的品性、言行，以及其知识的积累、素质的提升。高校管理干部是高校办学理念、教育政策方针以及管理规章制度的执行者，他们处理各种学校日常管理事务，为学生的学习与教师的教学创造环境，其管理理念与管理方式直接影响着教师教风与学生学风。高校学生是高校学风建设的主体与核心，其学习风气的好与坏、学习行为的良与莠、道德修养的优与劣等都直接决定着高校学风的质量。

二、高校学风的概念体系

（一）学习与学风

学习与学风是内容与形式的关系。学习是学风产生与存在的基础和来源，学生的学习理念、学习态度、学习道德、学习纪律以及诸多个体学习状况的综合反映共同构成了学风。对于学风而言，学习不但是"逻辑上在先"，而且"时间上在先"。同时，学生的个体状况和群体状况必然以学风形式表现出来，学风状况的好坏是学生的学习习惯、学习方法和学习质量好坏的最主要反映渠道。学风教育的开展旨在形成良好的学习理念、学习态度、学习道德和学习纪律，帮助高校学生提高学习质量，实现全面发展。

（二）学风与教风

学风与教风是学校校风的支柱性构成，两者相互交叉、相互融合，同时又相互影响、教学相长。一方面，学风与教风密切交叉与融合。学风既包括由学生个体与群体关于学习的思想认识与行为表现凝结而成的精神风貌与群体氛围，又包括由教师个体与群体关于学习的思想认识与行为表现凝结而成的精神风貌与群体氛围。教师的学习理念、治学态度、学术道德等既是教师学风的主要内容，又是教师教风的重要构成部分。教师在教学中形成的进取之风、诚信之风、严谨之风、创新之风等，既是教师学风的体现，又是学生学风形成的重要来源。另一方面，学风与教风相互影响和支撑。"学"和"教"是教育活动不可分割、相互依存的两个方面。从学风对教风的影响看，教师学风状况的优劣主导着教师教学质量的好坏。在教学过程中，教师应不断学习和探索，拓展知识储备，提升专业技能，最终实现教学水平与教学质量的提升。学生学风状况的优劣影响着教师教学质量的好坏。课上学生积极跟随教师引导，主动参与教学讨论，课后与教师互动提问，能激发教师教学的成就感和求知欲，促使教师不断拓展自己的知识层面、理论水平和专业技能。从教风对学风的影响看，教师既通过生动活泼的教学内容与形式、严格规范的课堂管理、作业批阅、考试纪律、课程考核等教学要求，直接推动学生端正学习态度，改善学风状况，又通过公平正直的人格魅力、品行高尚的职业道德、勤学善思的探索精神、平易近人的师生关系等隐性教育手段，间接带动与激发学生学习的兴趣和动力。正因为教风与学风存在着相辅相成的密切关系，所以高校要充分发挥教师在学风教育中的主导作用。

（三）学风与校风

学风与校风是部分与整体的关系。一方面，校风决定着学风的优劣，又以塑造优良学风、培养全面发展的学生为终极追求。校风作为学校办学传统和教育理念的浓缩，作为教育价值与学校文化的积淀，决定和指引着学校学风的发展水平和方向。管理干部的作风是学校教育理念和办学方向的主要体现，主导和指挥着学校学风的总体方向与转变情况。教师教风对学生学风发挥着规范和示范的作用，是学生学风好坏的首要外在影响因素。校园文化既是学风产生的土壤，又直接推动或阻碍着优良学风的形成。然而，无论是学校管理干部的作风、教师教风还是校园文化建设，都以推动学生建设优良学风、实现学生全面发展为根本目的。只有真正解决了"什么是学习""为什么学习"和"怎么样学习"的学风教育问题，才有可能实现学生的知识、技能与品德的协调发展，才有可能真正实现教育的根本目的。从这个意义上讲，学风是校风建设的归宿和追求。另一方面，学风既是校风优化的重要因素，又是衡量校风优良与否的重要标尺。优良学风能够在学生之间形成相互研讨、相互合作的良性竞争态势，在师生之间形成教学相长、互促共进的和谐师生关系，能够优化校园人际关系。优良学风不仅能提升教育质量，强化学生对教学知识和技能的掌握以及对学习道德的知晓与遵从，优化学校人才培养质量，还能提高校园文化活动的品位、水平和参与度，实现校园文化活动知识性与趣味性、竞技性与娱乐性、小众性与大众性的结合。

（四）高校学生学风教育与高校学生学风建设

高校学生学风教育与高校学生学风建设都以高校学生学风为主要研究对象，都以塑造优良学风为直接目的，都综合运用教育性、管理性、制度性和法律性要素培育高校学生的优良学风，彼此之间存在极大的交叠与重合。传统的高校学生学风建设往往将学风教育作为其子系统，强调学风教育的治本作用，但实际实施过程中却过于强调学风培育的外在约束，难以从根源上解决和改善高校学生的学风问题。

高校学生学风教育与高校学生学风建设存在以下差异：首先，二者的思维取向不同。高校学生学风建设侧重于管理取向，注重通过外在的教学管理、制度构建与法律健全，规范、约束高校学生的学习行为或惩罚高校学生的学术不端行为。高校学生学风建设主要关注高校学生行为的积极外显变化，较少关注高校学生学习的内在动力、现实需求、兴趣爱好、目的意义、理想信念。高校学生学风教育侧重于教育取向，通过端正与提升高校学生内在的价值观念、道德水准等思想认识，进而外化为良好的学习行为。虽然学风教育也注重运用管理性、制度性和法律性要素，但其目的在于发挥管理、制度与法律的育人功能，通过转变思想进而改变行为。其次，二者的实施主体不同。高校学生学风建设的主要实施者为教务管理工作者与专业课程任课教师，思想政治教育者只发挥一定的辅助职能。在传统学风建设视域中，思想政治教育者将学风培育的主要职责让位于教学管理部门和任课教师，放弃或收缩了自身职责之内的工作战线与阵地。高校学生学风教育的主要实施者为思想政治教育者与专业课程任课教师，如辅导员、班主任、"两课"（马克思主义理论课、思想政治教育课）教师、专业教师，教育管理工作者发挥一定的辅助职能。因此，高校学生学风教育主要是思想政治教育者与专业教师力量的联合。最后，二者的衡量方法不同。高校学生学风建设侧重于对高校学生学习行为的规范和学习习惯的培养，主要通过量化的行为指标来衡量建设成果，如上课出勤率、考试通过率、综合成绩排名、英语四六级通过率、计算机等级证书通过率、考研通过率、降级人数、退学人数、考试作弊人数等，较少关注和了解高校学生学习的内在心理状态。高校学生学风教育既关注高校学生良好学习习惯和学习行为的培养，更关注高校学生对学习理念、学习态度、学习道德和学习纪律的认知状态，以培养进取之风、诚信之风、严谨之风和创新之风为主要目标。需要注意的是，量化的测量数值可作为高校学生学风教育效果的侧面参考，但不能完全反映高校学生的学习价值观、学习道德观等隐性因素。

第二节　高校学风教育资源

一、中国古代学风教育思想

中华民族是一个乐于学习、勤学善思的民族，历代先贤圣哲、士子儒者通过潜心研究和反思总结，创造出博大精深、辉煌灿烂的中国传统文化和学习思想史，并从不同理论视角去研究"学习价值、学习目的、学习作用、学习意义、学习概念、学习内容、学习过程、学习条件、学习环境、学习原则、学习规律、学习方法、学习心理、学习动力、学习精神以及非智力因素对学习的影响等问题"①，形成了丰富多彩、灿若星河的中国古代学风教育思想。中国古代的学风教育思想，在儒释道诸流互融互斥的背景下，历经春秋战国的百家争鸣、秦汉"禁儒"与"尊儒"的地位变易、魏晋玄学"越名教而任自然"的清谈风流、隋唐时期的儒道佛争锋、宋明时期理学大昌、明清之际的批判考据以及中国近代的体用之争，渗透于中华民族五千年政治历史、教育文化和学术思想发展的过程之中。在当前大力推进传统文化"创造性转化和创新性发展"的大背景下，深入挖掘中国古代学风教育的论争焦点、核心内容和主要方法，对丰富高校学生学风教育的理论基础和思想资源具有极其重要的理论和实践价值。梳理中国古代学风教育思想，其核心内容体现为以下几方面。

（一）自强不息

《周易》中有"天行健，君子以自强不息"和"地势坤，君子以厚德载物"两句，意指君子像天那样刚健有为、奋斗不息，像地那样德行宽厚、包容万物。民国时期，梁启超曾引用该语给当时的清华学子作《论君子》演讲，"自强不息"与"厚德载物"遂成为清华大学校训。后来，张岱年将二者概括为中华民族精神的主要内容。自强不息是中国古代学风教育思想的精神内核，教育学习者发扬奋发进取的学风，百折不挠地克服学习中的困难和挫折，发挥学习的主观能动性和自主性，自立自强地取得学业成就。

1. 奋发进取

奋发进取是自强不息学风的首要内容。中国古代学者认为进取的动力源泉是立志，进取的主要形式是奋斗，既强调激发学习者的学习动机，又注重培养学习者的奋斗精神。

第一，进取须立志。学习中的自强不息学风，必须通过强烈的动机和持久的推动力才可实现。在中国传统文化话语体系中，学习动机被称为"志"。学习中自强不息的进取精神，需要通过确立学习动机的"立志"过程激发学习动力。立志进取是自强不息学风的力量源泉。

孔子云："三军可夺帅也，匹夫不可夺志也。"② 他将志向看作学习者内

---

① 申国昌，史降云. 中国学习思想史 [M]. 北京：科学出版社，2006：序.

② 戴楠，任仲才. 论语 [M]. 北京：西苑出版社，2011：23.

心的核心统帅。到宋明理学时期，关于志向与学业关系的论述更为频繁、深入。张载认为立志是"始学之良术"，是开始学习生涯的有益方法。他认为，志向小的人容易满足，缺乏上进心。程颢、程颐（以下简称"二程"）采用类比方法，将"志"比作学业发展与奋斗终身的根本，教导学习者立志后为志向奋发努力，勉励前行。理学最高成就者朱熹继承了"二程"的志向论，在著名的"朱子读书法"中提出了"持志"说，认为"读书之法，莫贵乎循序而致精，而致精之本，则又在于居敬而持志"。他将志向作为学业进步的必然保证。心学之集大成者王阳明也将学习志向看作统领学习行为的核心，他认为"志不立，如无舵之舟，无衔之马"[1]。王阳明还教导学习者"立志为圣人，就要全神贯注，勇往直前"[2]，用志向来激励自身排除外界干扰，不断进取。明末清初学者王夫之深入分析了志向对智力培育和思维创新的作用，将"大心正志"作为学者的根本。

第二，进取须奋斗。奋斗精神是中国古代学风的主旋律之一，是进取学风的核心，诸多学者高度重视学习中奋斗精神的培养。

在学风教育中，孔子注重教导学生努力学习，他认为奋斗是学者有所成就的重要原因。他将自己的学习态度总结为"其为人也，发愤忘食，乐以忘忧，不知老之将至云尔"[3]，期待求学者在学习中永不满足，不断攀登和追求学习的更高境界。他尤其注重教导弟子的奋斗进取之心，痛心学生丧失奋斗精神、学习上畏惧吃苦、懒散耍滑、不思进取的不良现象，严厉批评白天睡觉、无心向学的学生"朽木不可雕也，粪土之墙不可圬也"[4]。

宋明理学时期，朱熹深刻、生动且掷地有声地开展了奋发进取精神的学风教育。他用江中撑船为喻，描述学习在平稳处"尽行不妨"，到了"滩急激流之中"尤其"不可放缓"，"直须着力撑上，不得一步不紧。放退一步，则此船不得上矣"，阐明了学习"如逆水行舟，不进则退"的紧迫形势，催促学者奋进。他认为，读书的根本原理在于付出和投入的程度，学习投入与学习收获成正比，用力愈多，收功愈远。

中国古代学者揭示了学习志向与目标对学业进步的重要作用，强烈推崇学习中的奋斗精神，奠定了当今进取学风中理想信念教育和竞争态势教育的

① 白立新.阳明心学的管理智慧[M].北京：机械工业出版社，2018：108.

② 王阳明.王阳明全集简体注释版序记说、杂著[M].武汉：华中科技大学出版社，2015：111.

③ 刘维.论语[M].哈尔滨：黑龙江科学技术出版社，2015：56.

④ 刘兆伟.论语[M].北京：人民教育出版社，2015：77.

重要地位。

2. 百折不挠

中国古代学者的学习环境较为艰苦，"寒门学子"是主流群体，应对学业困难和逆境是常见现象，如"萤囊映雪""闻鸡起舞""悬梁刺股"等故事都是百折不挠学风的典范。中国古代学者早就认识到，求学是"顺境"与"逆境"交替存在的曲折过程。当学习者身处顺境时，要发扬尚志进取、拼搏奋进的精神，阔步前行；当学习者遇到学习困难和逆境时，更要发扬百折不挠的学风，咬紧牙关、战胜困难，做学习考验和学习竞争的胜利者。

逆境虽然增加了学习过程的难度，却极大地锤炼了学习者的意志品质。中国古代学者发扬辩证精神，看到了学习者发扬百折不挠学风、克服学习困难、取得辉煌成就的可能性，教导人们善于将逆境转变为学习的考验和财富。荀子认为，遇到学习困难时"锲而舍之，朽木不折；锲而不舍，金石可镂"①。"二程"以登山为喻，责备当时学习者缺乏克服困难的果决学风，教导学习者在顺境中昂首阔步、努力奋进，在逆境中不畏艰险、克服困难、刚毅果决、奋发进取。朱熹也认为求学必须刚毅果决，切不能优哉游哉、不紧不慢，遇到学习难关，"直要抖擞精神，如救火治病然，如撑上水船，一篙不可放缓"②。

3. 自立自强

（1）中国古代自立自强学风表现为学习中独立完成学业任务，摒弃依赖他人的被动思想。学习是具有强烈主观能动性的活动，是学习者在教师指导下自主学习的过程，任何人都不能代替学习者自身的学习。

（2）中国古代自立自强学风表现为强调独立思考精神。孔子言："温故而知新，可以为师矣。"③孔子将学习者对已学知识的温习看作新知识、新见解的来源。温故知新也是学习者发挥主体能动性，自主复习，巩固已学，启发新知的过程。孟子明确提出了"自求自得"的内求型学习思想。他教导学习者"夫道，若大路然，岂难知哉？人病不求耳"④，将学习之道比作易于知晓的道路，期望学习者乐于求索，别被懒于学习与探求的毛病困扰。孟子鼓

---

①　荀子 . 图解荀子 [M]. 合肥：黄山书社，2016：2.

②　张洪 . 钦定四库全书朱子读书法 [M]. 北京：中国书店，2018：128.

③　方闻 . 论语释义 [M]. 北京：首都师范大学出版社，2019：11.

④　苏志诚 . 孟子 [M]. 北京：民主与建设出版社，2018：29.

励学者主动探求知识，学有所获。孟子认为，学习者欲求得学术之高深造诣，必须发挥主观能动性去探索，提出自己的独特见解，进而具有高深的资质与认识，最终使学问和思想取之不竭。

（3）中国古代自立自强学风还表现为学术思想上保持独立品格，既不人云亦云，也要有所创见、超越前人。北宋二程提出"学贵自得"思想："学莫贵于自得，得非外也，故曰自得。"① 他们注重学习中的自我反思，思想独立而不附和他人。朱熹提出："前辈固不敢妄议，然论其行事之是非，何害？固不可凿空立论，然读书有疑、有所见，自不容不立论。"② 他提倡学术上如有所疑问，要敢于独树一帜，提出自我论见。

中国古代学风教育思想认为，自立自强学风根源于学习者主观能动性和主体精神的发挥，行为上表现为独立自主完成学业任务，学术主张上表现为独立而有创见。

（二）勤勉治学

勤勉治学学风是先秦至当代亘古不变的学习态度和要求，是中国古代学风教育的鲜明特色和优秀传统。诸多往圣先贤在学习教育思想中深入阐述勤勉治学学风的思想理论和具体要求，主要表现为勤勉刻苦学风和恒学渐进学风两个方面。

1. 勤勉刻苦

首先，中国古代学者强调发扬勤勉刻苦精神，这样才能学有所成。西汉董仲舒勤学苦读，"三年不窥园"。唐代韩愈非常推崇勤勉治学学风，认为"诗书勤乃有，不勤腹空虚"③，将勤奋好学作为学有所获、充实才华，实现"腹有诗书气自华"的必要途径。

宋代的思想家高度推崇勤奋刻苦精神。张载将勤奋作为学业有进步的阶梯，"惟知学然后能勉，能勉然后日进而不息可期矣"④。

其次，中国古代学者认为，勤勉刻苦需要增加学业投入。《中庸》认为，采用超出常人的不断重复方法，可从愚蠢变得聪明、从柔弱变刚强。唐代杜

---

① 燕国材.中国教育心理思想史[M].济南：山东教育出版社，2004：332.

② 李敖.朱子语类·太平经·抱朴子[M].天津：天津古籍出版社，2016：79.

③ 刘兰芳，钟廷贞.唐诗箴言警句[M].桂林：漓江出版社，1992：231.

④ 苏士梅.正蒙[M].开封：河南大学出版社，2016：150.

甫也言："富贵必从勤苦得，男儿需读五车书。"① 他认为学习需要勤奋刻苦，阅读大量书籍。

最后，中国古代学者认为，勤勉刻苦学风需要珍惜学习时间。孔子提出："逝者如斯夫，不舍昼夜。"②《乐府》有言："少壮不努力，老大徒伤悲。"颜真卿则提出："三更灯火五更鸡，正是男儿读书时。黑发不知勤学早，白首方悔读书迟。"③

2. 恒学渐进

中国古代的恒学渐进学风主要指学习要发扬专心致志、循序渐进和终身学习的精神。

第一，专心致志。孟子以弈秋教两名弟子下棋为例，阐明能否专心致志是同等条件下学习效果差异的根本原因："其一人专心致志，惟弈秋之为听。一人虽听之，一心以为有鸿鹄将至，思援弓缴而射之，虽与之俱学，弗若之矣。为是其智弗若与？曰：非然也。"④ 荀子曰："蚓无爪牙之利，筋骨之强，上食埃土，下饮黄泉，用心一也。蟹六跪而二螯，非蛇鳝之穴无可寄托者，用心躁也。"⑤ 他用自然界动物的差异来阐述学习须一心一意、坚持不懈，才能取得理想的结果。王充认为学习必须保持注意力高度集中，专心致志、专注投入。他指出："方圆画不俱成，左右视不并见，人材有两为，不能成一。"⑥ 朱熹认为，专注是学有所悟的前提："人做事，须是专一。且如张旭学草书，见公孙大娘舞剑器而悟。若不是他专心致志，如何会悟？"⑦

第二，循序渐进。循序渐进既是学习方法，也是学习中勤奋努力、坚持不懈精神状态的表现，意指学习中经过日积月累，以及持续不懈、勤奋刻苦的努力，最终通过量变积累趋向质变升华，达到精益求精的至高境界。老子曾做过精辟论述："合抱之木，生于毫末；九层之台，起于累土；千里之行，始于足下。"孔子以堆山平地为例，表明学习中的懈怠都是由自己的懒惰造

① 洪丕谟.留得枯荷听雨声：唐诗中的人生喟叹 [M].北京：中央编译出版社，2013：246.
② 南怀瑾.论语中的名言 [M].上海：上海人民出版社，2009：110.
③ 奥森书友.大美中文课之唐诗千八百首上 [M].北京：台海出版社，2018：109.
④ 孟轲.孟子：精美图文版 [M].哈尔滨：哈尔滨出版社，2004：173.
⑤ 吴爱麟.学生语文基础知识通典 [M].延吉：延边人民出版社，1997：394.
⑥ 张格，高维国.诸子箴言 [M].石家庄：河北人民出版社，1998：155.
⑦ 李敖.朱子语类·太平经抱朴子 [M].天津：天津古籍出版社，2016：82.

成的，每一个进步都是自己的努力成就的。《诗经》有"如切如磋，如琢如磨"之言，指治学须精雕细琢，精益求精。关于学习中的循序渐进思想，荀子论述得尤为详细："积土成山，风雨兴焉；积水成渊，蛟龙生焉；积善成德，而神明自得，圣心备焉。故不积跬步，无以至千里；不积小流，无以成江海。骐骥一跃，不能十步；驽马十驾，功在不舍。"[①] 王充以自然现象的缓慢变化历程为例阐明学习需要循序渐进的道理："河冰结合，非一日之寒；积土成山，非斯须之作。"[②]

第三，恒学终身。中国古代虽然没有明确提出"终身学习"的系统理论，但有关于学习必须持之以恒、贯穿终身历程的思想。孔子总结道："吾十有五而志于学，三十而立，四十而不惑，五十而知天命，六十而耳顺，七十而从心所欲，不逾矩。"[③] 中国古代也有"学到老、活到老"的经典名言。

常言道："书山有路勤为径，学海无涯苦作舟。"勤勉治学既是中国古代学习思想的优良传统，也是激励当代高校学生勤奋学习的宝贵精神动力。古代学者们在艰苦卓绝的条件下，仍能克服一切困难，杜绝懒惰，潜心向学，他们是当代高校学生学习的典型榜样，能教育高校学生以勤学理论为指导，以勤学实践为动力，珍惜学习条件，发扬意志品质，在学习的道路上持续努力，勇攀高峰。

（三）学思结合

在中国古代学习思想史中，"学"主要指读书、闻见、效仿等获取知识的方式，偏向于感性认识阶段；"思"主要指以头脑和心等思维器官为载体，对直观获取的知识进行分析、判断和综合的思维活动，偏向于理性认识阶段。中国古代学者认为必须将感性认识与理性认识相结合，并提出了丰富的"学思结合"思想。历代先贤注重对学习者感性认识与理性认识关系的探究，学思结合学风由此成为中国古代学风教育思想的重要构成。

1. 学思关系

学与思是学习的两种重要方法，学思结合学风的关键是搞清楚"学与思"孰轻孰重的关系。中国古代学者对其关系的理解主要有以下两种。

---

① 胡征. 荀子教育思想现代启示录 [M]. 太原：山西人民出版社，2020：10.

② 郭超. 四库全书精华子部第 3 卷 [M]. 北京：中国文史出版社，1998，2109.

③ 周文炯文.《论语》名句 [M]. 成都：天地出版社，2009：18.

第一，学思并重。学思并重观点在中国古代学思关系中占主导地位，主要代表人物是孔子、王充和王夫之。孔子首次提出"学思并重"学风，将二者密切联系起来。"学而不思则罔，思而不学则殆"[①]成为学思结合的千古名言。朱熹《四书集注》释为："不求诸心，故昏而无得。不习其事，故危而不安。程子曰：'博学、审问、慎思、明辨、笃行五者，废其一，非学也。'"意指通过读书、闻见、效仿等获取的知识，如果不通过"心"的深入思考，就会人云亦云，无法驾驭知识，昏聩无所得；如果知识仅仅停留于头脑中空想，而不通过读书、实践活动去操作、验证，则会思维飘荡不定、精神疲惫，甚至走向邪思狂想的思维危途。王充继承与发扬了孔子学思结合学风，进一步提出了"学思贯通"思想。他引用孔子之言，证明了学对求知的基础性作用："吾尝终日不食，终夜不寝，以思，无益，不如学也。"[②]他认为，向他人求教、经耳目见闻是学的重要途径，"人才有高下，知物由学。学之乃知，不问不识""实者，圣贤不能知性，须任耳目以定情实"[③]。但这种耳目见闻之"学"必须与"精思"结合起来："任耳目也，可知之事，思之辄决；不可知之事，待问乃解。天下之事，世间之物，可思而知，愚夫能开精；不可思而知，上圣不能省。"[④]王充认为，广纳耳目见闻后进行思考，能让天资愚钝者精通学问，不能精思的话，圣贤也无能开悟。可见，博学和精思必须联结贯通起来。王夫之继承儒家学思结合的思想传统，深入论证了"学"与"思"的辩证关系，明确提出了"学思相资"的主张，即"致知之途有二：曰学，曰思。学则不恃己之聪明，而一唯先觉之是效，思则不徇于古人之陈迹，而任吾警悟之灵。乃二者不可偏废，而必相资以为功"[⑤]。在学思关系上，王夫之是集大成者，其思想最接近马克思主义认识论。

第二，思重于学。在学与思的关系上，孟子更强调思的重要性，提出"思则得之"的认识方法。孟子区分了人的感觉器官与思维器官，将"耳之官"的感性学习看作被表象所遮蔽的低级认识阶段，对提升思维毫无帮助。与此相对，"心之官"的思维过程是学有所得的关键阶段，片面强调了理性认识的重要性。孟子虽然陷入了唯心主义认识论的泥潭，但其思想对高扬学习者主体性思维具有开创性作用。至宋朝"二程"，提出"学而善思"思想，

① 刘兆伟.论语[M].北京：人民教育出版社，2015：18.
② 王充.古典名著白文本论衡[M].长沙：岳麓书社，2015：78.
③ 王充.古典名著白文本论衡[M].长沙：岳麓书社，2015：80.
④ 王充.古典名著白文本论衡[M].长沙：岳麓书社，2015：82.
⑤ 黄钊.中国道德文化[M].武汉：湖北人民出版社，2000：453.

将思考作为学习的根本内容，认为善思应以《四书》《五经》等经典著作为蓝本，广泛吸收前人的智慧，深入涵养玩味，必有气质之变化。

2. 学贵有疑

中国古代学者不仅注重学习与思考的结合，也注重发扬学习中的质疑精神和批判学风。孟子提出了"读书存疑"的观点："尽信《书》，则不如无《书》。吾于《武城》，取二三策而已矣。"[①]告诫学习者不可全盘接受、毫无思考经典著作中的疑惑之处，要保留独立思考的能力。宋人非常注重质疑精神对学习的作用。《近思录》言："学者先要会疑。"强调质疑对学习的必要性。

学思结合思想纵贯中国古代学习思想史，是极其重要的优良学风。高校学生需要树立学思结合观念，既要多读书、广见闻，也要培养独立思考、思维创新的学习态度，将前人所得、实践所得与自我思考统一起来，扩充学习的广度与深度。同时，学习者要在思考中敢于质疑，在思想上相互砥砺，以推动学术发展。学思结合学风是高校学生创新学风教育的重要思想来源。

（四）诚信笃实

诚信笃实学风是中国古代思想史一以贯之的优良学习传统，主要思想内容为坚持求真务实的学习态度以及严肃批驳学术剽窃行为，是当前高校学生诚信学风教育的重要思想支撑。

1. 坚持求真务实

中国古代思想家一贯讲求尊重事实、忠实本心的学习和求知态度。孔子云："知之为知之，不知为不知，是知也。"[②]教导人们不能用虚伪掩饰无知，诚实对待学习才是智慧的体现。王充反对将元典神圣化的趋向，认为儒家五经"经之传不可从，五经皆多失实之说"，不可盲目倍奉。他坚持唯物主义立场，反对"生知"，坚持"学知"，认为学术思想必须真实无妄，经得起实践检验，方能被民众广泛接受。王充思想体现了实践检验知识真伪的思想萌芽，与马克思主义"实践是检验真理的标准"学风有共通之处。

---

① 左克厚.孟子通讲 [M].北京：东方出版社，2018：331.
② 刘兆伟.论语 [M].北京：人民教育出版社，2015：18.

2. 批驳学术剽窃

中国古代诚信笃实学风还表现为倡导学术规范，严厉批判学术剽窃。反对抄袭剽窃、学术舞弊是中国古代优良学风的典型表现。早在春秋时期，就有"己恶而掠美为昏"的说法，占有他人学术成果的行为会受到人们的不齿。明代归有光在诗词创作上强烈抨击了为求词句工整浮华的剽窃行为，认为这种形式上的工整与抄袭对表达思想并无作用，即"今世乃惟追章琢句，模拟剽窃，淫哇浮艳之为工，而不知其所为"。① 章学诚将文章分为"著作之体"和"考证之体"两大类，认为著作类文章可适当"援引古义，装用成文"，但考证类文章"一字片言，必标所出"，对学术规范的标准确立相当精细。及至清代兴盛的文献辨伪学，掀起了诚信笃实、反对学术不端行为学风的高潮。

中国古代诚信笃实学风教育思想展现在"求真"和"斥伪"两个教育取向。关于"求真"取向，中国古代学者教导学习者确立尊重事实、实事求是的务实态度，坚持学习内容真实无妄；教导学习者确立真诚坦率、直陈己陋的坦诚态度，坚持客观评价学习成效；教导学习者确立拒斥功利、学为真理的求学目的，坚持学习的纯粹真挚。关于"斥伪"取向，中国古代学者强烈表达了对剽窃抄袭的愤恨和鄙视，认为包括剽窃在内的学术不规范行为对于推进学术发展毫无益处，只能造就"著书之人几满天下"的学术泡沫，对当代高校学生学术规范教育颇有裨益。

（五）学以致用

学以致用学风表明理论学习必须与实际应用相结合，运用于指导社会实践过程中，类通于马克思主义理论联系实际、一切从实际出发的学风。中国古代学者的学以致用思想主要表现为知行统一和经世致用两方面。

1. 知行统一

知行观是学习风气的核心问题之一。从学习的本意来看，"知"与"行"是其两大核心环节。围绕"知""行"两大要素孰先孰后、孰轻孰重、孰难孰易，古代学者形成了不同认识和激烈论争，"知行统一"是其主导思想。至宋明理学时期，知行观演变为学风思辨的焦点问题之一。北宋程颐明确提

---

① 傅云龙. 唐宋明清文集第二辑明人文集卷三 [M]. 天津：天津古籍出版社，2000：963.

出"知先行后"观点。他以人往京城为例，表明必须先知道出哪个门、走哪条路，然后才能去。同时，他还提出了"知难行亦难"的观点："非惟行难，知亦难也。"程颐的"知先行后"可以解释人们用意识指导实践行为的情形，但对先天知识的来源则有"先验论"之嫌。朱熹坚持了程颐的"知先行后"之说，明确指出："夫泛论知行之理，而就一事之中以观之，则知之为先，行之为后，无可疑者。"① 朱熹将知行比作鸟之双翼、车之两轮，提出了"知行相须"说，承认二者相辅相成的辩证关系。虽然朱熹没有跳脱出"知先行后"的唯心主义认识论框架，但是他的思想对学习主体道德践履的重视以及对"知易行难"观念的普及颇有功用。明清之际，王夫之痛批阳明心学脱离实践的知行观，提出了"知行统一"观点，主要包括"知行相资"说和"行先知后"说，反对将"知"与"行"混为一谈，凸显了"行"的重要性。知行学风的论争一直是中国古代学习思想的重要内容，直到 20 世纪 30 年代，毛泽东通过《实践论》系统阐明了马克思主义的认识论和实践论，给知行关系提供了一个较为满意的参考答案。

2. 经世致用

学以致用既表示认知与行为过程要统一，又意味着理论要运用到实践中。深入而言，理论对实践产生作用，也就是经世致用学风，强调学习目的要关注社会现实，用所学的知识和学问解决社会问题，以修身齐家、治国安民，尤其在国家危急关头要用学问济世救民，体现中国传统知识分子兼济天下、"以天下为己任"的道德情怀。儒家是典型的入世哲学，以关注社会现实为基本特征，以"内圣"与"外王"为治学目的。进入宋明时期，中国封建制度步入最为成熟而又盛极而衰的时期，需要更为精确的理论来维护其渐趋僵死的统治。理学家复兴儒学的首要任务是重振君臣父子的纲常伦理，将其上升为"天理"，以肯定现实政治秩序的合理性，让人身依附关系有所松动的农民不叛上作乱，永葆封建统治稳固。同时，理学家将伦理道德上升为终极的本体论，倡导存理灭欲，也为了方便将封建统治者作为道德、伦理的约束对象，让地主阶级克制贪欲，减轻对农民的压榨。在这个大前提之下，周敦颐的濂派理学、"二程"的洛派理学、张载的关派理学、朱熹的闽派理学以及南宋陆九渊与王阳明的心学体系，创造了继先秦以来中国古代学风教育理论最辉煌的一代丰碑。以维护封建纲常名教为主要目的的宋明理学，受

---

① 朱熹．晦庵先生朱文公文集 [M]．北京：国家图书馆出版社，2006：189.

到了事功学派陈亮、叶适的猛烈批判。陈、叶指出了宋儒空谈理性、不务实际的空疏学风，主张通过经验验证人性，坚持理与欲、义与利的统一，强调学习要获取为国效力、为民请命的才能，立下不朽功业。事功学派以及清初实学家对宋明理学的抨击揭露了宋儒关注心性修养、道德本体探讨、束书不观、游谈无根，忽视道德践履和现实生活的重要缺陷。明清之际，以顾炎武、黄宗羲、王夫之、颜元等为代表人物，涌起了一股强烈的经世致用学风，他们认为明末空疏学风是明朝覆灭的根源，反对坐谈心性、虚而不实的理学，主张经世致用的"实学"，主要内涵包括修德（人格修养）、通经（经学上的通经致用和笃实解经学风）和致用（追求事功，对国计民生有实绩实政）。清初实学家甚至将明末国破家亡、异族登顶金銮之祸归罪于宋学的空疏学风，颜元讽刺宋元儒者呈"妇女态"，虽不乏以偏概全，但足见虚浮学风祸国殃民。鸦片战争之后，西方列强的坚船利炮轰醒了故纸堆中的迷梦，清王朝面临亡国灭种的民族危机。以龚自珍、林则徐、魏源为代表，经世致用学风再次高涨，主张"中学为体、西学为用"，向西方强国学习科学技术知识，"师夷长技以制夷"。关于中学与西学的"体用"之争以及马克思主义和资产阶级自由主义何者能救中国的争论成为学习思想的主潮流，凸显了强烈的救亡图存、指导实践的务实精神。

　　经世致用是中国古代延续不辍的重要学风。经世致用、治国安邦是中国古代学风教育的根本目的，也是现代高校学生学风教育中理想信念教育、社会责任教育、求是精神教育、科学态度教育的思想源头。

二、现代西方学风教育理论

（一）人本主义学习理论

　　人本主义学习理论是人本主义心理学的重要组成部分，继承了后者关注人的整体发展，重视人的自由、尊严、价值、选择和责任，探讨人的友爱、创造、自我、自我实现、认识价值、生命意义、人生成长、高峰体验等问题。[①]该理论于 20 世纪 60 年代在美国兴起，于 20 世纪 70 年代走向昌盛，以马斯洛和罗杰斯为代表人物，以罗杰斯的《学习的自由》为代表著作。该理论认为，人应当是自由的，能够不懈地追求生命的意义和人生的价值，最终满足自我实现的需要。该理论中关涉学风教育理论的核心思想体现为以下三个方面。

---

① 刘儒德.学习心理学 [M].北京：高等教育出版社，2010.

1. 以学生为中心

罗杰斯认为，自我—主动学习是人类的天然倾向，好奇心、寻求知识、真理和智慧以及探索秘密是人生而有之的欲望。因此，罗杰斯忠实倡导"以学生为中心"的课堂教学模式，将学生置于课堂学风建构的主导地位，注重教学生学会如何学习，督促学生主动参与学习过程。

以学生为中心的教学模式，激发了学生学习的积极性和主动性，有利于推动学生进行相互指导性学习和自我调节性学习，有利于强化学生在学风塑造中的主体性地位。

2. 轻松自由之风

罗杰斯对传统教育的批判非常尖锐。他认为，传统的教育在文化、政治的巨大压力逼迫下，导致学生遵从、驯顺和僵化，是单纯的技术训练，对改善学生人际关系毫无益处。这种教育让学生固执、单纯地接受理智训练，从而熟谙科学。因此，罗杰斯强烈主张教学生学会自由。他认为："自由是指能使人敢于涉猎未知的、不确定的领域，对自己做出抉择的勇气这样一种品质。自由是一种对自己抉择的道路所负的责任。自由是个人对自己是一个显示过程的认识，而不是一个静态的终极物。"[①] 学会自由的过程也就是自我发展、自我实现的过程。

罗杰斯提倡的轻松自由的学风主要体现在两个方面：首先是学习内容的自由选择。罗杰斯认为，当学生学习自己感兴趣和自认为有意义的内容时，能形成自我—主动学习模式，提高学习效率，强化学习效果，缩短学习时间。因此，他提倡要根据学生的兴趣，由学生充分自主选择学习内容，学习那些学生自认为有意义、有价值的事件、知识和经验。其次是学习氛围的自由自在。在教学过程中，罗杰斯最大限度地让学生选择和追求最有意义的学习目标，让学生参与甚至主导教学过程，使学生在宽松、毫无压力的平和氛围中自由发言，进行思想交流和相互启迪；学生可根据预先商定的评分标准进行自我成绩评定，这样既能使学习更深入有效，又能影响学生的生活，有利于其增强和实现自我。[②]

---

① 马斯洛.人的潜能和价值 [M].林方，译.北京：华夏出版社，1987：356.
② 张奇.学习理论 [M].武汉：湖北教育出版社，1999：328.

3. 推动自我实现

人本主义学习理论认为，自我实现的满足是人的内在天性，在人的内部存在着一种向一定方向成长的趋势或需要，这个方向一般可以概括为自我实现。自我实现的需要在人的需求层次体系中居于最高地位，是指促使人的潜在能力得以实现的趋势。这种趋势可以说成是希望自己越来越成为所期望的人物，完成与自己的能力相称的一切事情。① 人的潜能决定人的价值，潜能的发挥就是价值实现的过程。学习或者学风教育的目的，就是自主发挥人的潜能，满足人的不同层次需要，最终成为理想的、能力强大的人。

人本主义学习理论关心人们发展的整体性，批判传统"填鸭式"教学方式，提出了"有意义的学习"观点。马斯洛批判传统学习是教师强制的外铄学习，学生学习到的只是与个人生活无关的零碎知识，对其个人的心智成长毫无意义。马斯洛认为，教师的作用在于辅导和激发学生自身的学习潜能。罗杰斯将学习分为无意义学习和有意义学习。无意义学习仅注重提高智力的认知学习，与个人的感情和情绪无关；有意义学习则增加了课堂学习内容与学生个人生活的关联度。有意义学习把逻辑与直觉、理智与情感、概念与经验、观念与意义等结合在一起，当我们以这种方式学习时，我们就成了一个完整的人。②

在"性善论""潜能论"和"价值论"基础之上，人本主义主张以学生为中心，注重宽松自由之风，最终要培养自由的、自主发展的、自我价值实现的人。该学风教育理论对于张扬高校学生在学风教育中的主体性、主动性和积极性，推动学术自由，以及实现高校学生的全面发展有重要参考价值。但是，该理论完全否定了学风教育的教师主导作用，过度强调自由学风，忽视对学习的约束和引导，漠视课堂学习纪律的遵守，导致教学效果低下，缺乏实质操作性，饱受质疑和批评。

（二）终身学习教育理论

基于教与学的关系，终身学习教育理论既脱胎于终身教育，又与终身教育一起促进全民的全面发展，推动社会的整体发展，构成学习社会。1965年，保尔·朗格朗向联合国教科文组织提交《关于终身教育》的提案，由此

① 马斯洛. 人的潜能和价值 [M]. 林方，译. 北京：华夏出版社，1987：168.

② 刘儒德. 学习心理学 [M]. 北京：高等教育出版社，2010：28.

全世界开始传播和推广终身教育理念。终身学习作为"人在一生中所需要的知识、技能，包括学习态度等应该如何被开发和运用的全过程"①，其主要思想如下。

1. 学会生存

1972 年，联合国教科文组织出版《学会生存——教育世界的今天和明天》，认为教育的最终目的是"学会生存"，"我们再也不能刻苦地一劳永逸地获取知识了，而需要终身学习如何去建立一个不断研究的知识体系——'学会生存'"，认为人的生存是一个无止境的完善过程和学习过程。②1994年，首届"世界终身学习会议"上，欧洲终身学习促进会提交报告指出，终身学习是 21 世纪的生存概念。人类必须通过终身学习，才能在 21 世纪生存。此次大会还确定了终身学习的共识性概念："终身学习是通过一个不断的支持过程来发挥人类的潜能，它激励并使人们有权利去获得他们终身所需要的全部知识、价值、技能与理解，并在任何任务、情况和环境中有信心、有创造性和愉快地应用它们。"终身学习既能满足人基本生存的最低需要，也可以实现人自我完善的最高需要。

终身学习打通了"学习"与"生活"的固有壁垒，将学习贯穿于生命始终。在终身学习视野中，学习活动超越教育范畴，被纳入人类普遍性的生存范畴。终身学习成为个体人的一种生存责任，也是整体人类在未来社会的一种常规生存方式。如果没有终身学习，不仅难以保障个体人的生存质量，还难以实现人类社会的总体发展。终身学习启发学习者在学习中探求生命的意义和价值，通过学习来实现生命的意义和价值。高校学生学风教育对终身学习教育理念的贯通，能够推动高校学生发掘学习的主体性和自主性问题，激发高校学生对精神性学习目标的思考，从而扩展高校学生学风教育的价值视域。

2. 终身学习

杜威在《民主主义与教育》中提出，"教育即生活的必需品""教育即成

---

① 吴遵民，末本诚，小林文人. 现代终身学习论：通向"学习社会"的桥梁与基础 [M]. 上海：上海教育出版社，2008：34.

② 吴遵民，末本诚，小林文人. 现代终身学习论：通向"学习社会"的桥梁与基础 [M]. 上海：上海教育出版社，2008：2.

长"，学校教育通过有组织、有计划的活动来推动儿童各种力量从"未成熟状态"顺利成长。他将学校教育的价值及其标准定为"能否激发持续成长的愿望，能否提供实现这种愿望的方法"[①]，"教育即成长"思想成为终身学习的思想渊源。终身学习改变了将人生划分为"学习期"和"工作期"的传统观点，认为学习不再局限于学校这样的正规教育机构，学习也不再是少部分人尤其是年轻人的特权，而是贯穿一个人从婴幼儿时期、青年时期、中年时期到老年时期的终身发展阶段，覆盖和囊括整个社会的全体社会成员。也就是说，任何人尤其是成年人，在人生的任何阶段，都能通过正规教育或非正规教育的学习，获得自身潜能从应然到实然的转变。

在当今不断变化的社会条件下，人们不能有片刻认识增长的停顿，在人的发展历程中，人必须履行不同生命发展阶段的不同社会任务。因此，人们需要依靠终身学习，使自身获得良好的知识基础和更高的工作能力，以适应社会变迁，获得自我发展和社会的进步。终身学习教育理念，有利于帮助高校学生确立综合性人生发展目标和长期性学习动力。

3. 学习社会

终身学习教育理论的实施体现为建构学习化社会。1972年，联合国教科文组织发表的研究报告《学会生存》中，明确提出将学习社会作为未来社会形态的一种构想。该报告认为，人的终身不间断学习不仅是可能的，还是必要的，未来的社会应该是学习社会。终身学习教育理论将整个社会的所有成员都当作学习者，极大地丰富了学习的主体。无论是牙牙学语的稚童，还是年富力强的高校学生，或是垂垂老矣的老人，学习和受教育都是其基本人权的重要内容，都需要得到法律和制度的保障。同时，终身学习教育理论拓展了学习的空间，将学习的空间从正规教育扩充至非正规教育或非正式教育，如工作场所的学习、远程网络的学习、社交平台的学习、社区场所的学习，注重倡导建立各类学习型组织，诸如学习型政党、学习型企业、学习型学校、学习型社区、学习型城市等。由此，高校学生学风教育也要将高校学生和高校作为学习化社会的一分子，既要教育高校学生确立人生每个阶段永续学习的观念，也要让高校学生学会利用全社会各个领域的多种学习资源，创建进取、诚信、严谨、创新的优良学风。

当代终身学习教育理论呈现出"发展21世纪的新学习观""确立以学习

---

① 杜威．民主主义与教育 [M].陶志琼，译．北京：中国轻工业出版社，2015：54.

者为主体的意识"的总体动向，对于学习和教育的理念更新、机会增加、渠道融合具有重要推动作用，对于高校学生学风教育的价值意蕴、思维方式和研究视域具有启发意义。

（三）建构主义学习理论

建构主义学习理论兴起于 20 世纪 90 年代，是认知学习理论的重要分支，在教育和心理学中的影响越来越大。一般认为，皮亚杰的"同化顺应"思想、杜威的经验性理论和维果茨基的"文化历史论"是建构主义学习理论的主要来源。知识并非是客观存在的，通过人的主观认识会对同一知识建构出各不相同的认识结果。学习者居于教学和学习的中心地位，自主地探索知识，并通过协商合作或在他人帮助下建构与创造知识，学习也与社会互动交往密切相关。在建构主义看来，期望像传递苹果一样把知识从一个主体等值地传递给另一个主体的教学是不切实际的，要把教师所具有的知识灌输到没有这种知识的学生的头脑中去是根本不可能的。教学过程不是传递者与接受者之间简单的、直接的过程，而是一个循环的、反省的主动过程，是学生已有的知识、态度和兴趣与新经验之间的相互作用过程。建构主义的教学过程就是保证学生产生有亲身体验的独立建构和理解的过程。[①] 建构主义学习理论对本研究有借鉴作用的思想如下。

1. 关注原有结构

建构主义将学习者原有的知识、经验、心理结构和信念作为学习的基础。学习者通过主观的经验世界，认识、理解和解释客观世界。因此，学习者更容易接纳与认可与其原有认知结构相一致的学习内容。因此，在学风教育中，必须先了解教育对象的学习经历、学习现状、学习态度等原有的学习经验，根据教育对象的特殊性，实现学风教育内容的转化与方法的调整。

2. 开展协作学习

根据维果茨基的"最近发展区"理论，学习者在教师或其他高水平同伴的帮助下，能从现实的发展水平拓展到更广阔的潜在发展水平。因此，建构主义者们认为，要充分依赖和发挥学习共同体的协作式学习，通过协商、互

① 陈琦，刘儒德.当代教育心理学（第三版）[M].北京：北京师范大学出版社，2019：183.

动和协作来参与社会文化，从而内化相关知识技能与掌握工具操作。高校学生学风教育中尤其需要推动协作式学习，鼓励学习者借助教师指导或朋辈群体的帮助，强化学习动力，增加学习互助，提高学习效果。

3. 实施情境教学

传统教学观主要持"去情境化"观点，认为概括性知识可以从具体情境中抽象出来，学生通过脱离具体情境和社会实践进行学习，然后自然地将习得的概括性知识迁移到具体社会情境之中。建构主义则认为，知识不可能脱离活动情境而存在，学习必须与情境化的社会实践活动相结合。建构主义者提倡情境性教学，要求在与现实情境相类似的教学情景中，以解决现实生活中的真实问题为目标，让学生通过亲身体验和感受，主动识别、探索、发现和解决问题。在高校学生学风教育中必须注重教育情境的创设，如采用成就幻想法，促使高校学生积极展望学习对未来发展的重要作用；或采用情景模拟法，对比作弊与否的迥异后果，帮助学生在考试、作业、论文撰写中树立诚信意识，坚守学术道德。

4. 注重社会文化

社会建构主义尤其关注学习和知识建构的社会文化机制。该分支流派认为，知识的建构虽然是个体自主建构与个人经验的合理化过程，但离不开与他人的交流、磋商和互助，并且受到社会环境的制约和文化氛围的影响。维果茨基的文化历史论认为，人类社会文化对人的心理发展具有重要影响。学风既是社会环境与文化氛围的产物，又是其不可分割的重要构成部分。高校学生学风教育既是对社会文化的净化和优化，又借助净化与优化后的社会文化构建良好的学习共同体，从而改善学术氛围。

建构主义主要有以下三个缺陷：一是具有主观唯心主义倾向。激进的建构主义呈现出否定客观世界真实存在的观点，难免掉入主观唯心主义和唯我论的泥潭。二是相对主义和怀疑主义的倾向。建构主义者仅关注学习者对自身经验世界的建构，否定真理的客观性和绝对性，容易走向真理观的相对主义和认识论的不可知论。三是丧失了评价认识的立场与可能性。在建构主义者看来，认识是个体主观建构的迥异结果，任何认识结果都是个体自主建构的意义的表征，因而无法用统一的标准衡量认识的正确与否。然而，根据马克思主义认识论和人们的认识常识，人对事物的认识结果是有正确与谬误、深刻与肤浅之分的。虽然建构主义有以上缺陷，但是其对教育对象认知结构和经验的关注、对协作互助学风的提倡、对教育情境的营造以及对社会文化环境的高度重视仍然为高校学生学风教育研究提供了丰富的思想滋养。

三、马克思主义学风教育理论

马克思主义学风特指对待理论学习的风气和对待马克思主义理论的科学态度。马克思主义学风教育理论是由马克思、恩格斯创立的，经由列宁在俄国社会主义革命与建设中继承发展，再经中国社会主义革命与建设发扬光大，其核心内涵和思想精髓一脉相承、与时俱进。对于学风的概念，毛泽东作过经典阐释："所谓学风，不但是学校的学风，而且是全党的学风。学风问题是领导机关、全体干部、全体党员的思想方法问题，是我们对待马克思列宁主义的态度问题，是全党同志的工作态度问题。"[①] 该定义框定了学风问题的三个思维取向：第一是如何对待理论的问题；第二是如何对待实际的问题；第三是如何对待理论和实际关系的问题。共产党人必须对理论、实际及二者关系作出科学判断和正确选择。从本质而言，马克思主义学风指思想路线。马克思主义学风教育理论分为三大部分，即在对待马克思主义理论的态度上要坚持理论联系实际，在对待实际的态度上要实事求是，在理论与实际相结合的过程中要解放思想，从而将马克思主义普遍真理应用于中国实践，推动社会主义现代化建设事业健康发展。

（一）理论联系实际

理论联系实际学风是指在对待马克思主义理论的态度上，要将马克思主义理论作为行动指南，而不是僵死的教条。同时，必须实现马克思主义理论的中国化，才能将马克思主义理论用于指导社会实践。

1.马克思主义是行动指南

将马克思主义看作行动的指南还是僵化的教条，是能否科学看待马克思主义的根本标志，是马克思主义学风教育首先要划清的基本界限。马克思主义者一再强调，马克思主义是科学理论和思想方法，强烈批判将马克思主义看作教条主义的错误观点。

---

① 　毛泽东.毛泽东选集第 3 卷 [M].北京：人民出版社，1991：813.

2.马克思主义要联系实际

马克思主义者深刻明白，学习马克思主义理论，不仅在于掌握理论，更在于运用理论指导实践，解决现实问题，这样才能赋予理论恒久的生命力。马克思主义理论与中国革命和建设日益结合的过程，实质上就是马克思主义中国化的过程。

（二）坚持实事求是

对于实事求是，毛泽东曾有透彻的解析："'实事'就是客观存在着的一切事物，'是'就是客观事物的内部联系，即规律性，'求'就是我们去研究。我们要从国内外、省内外、县内外、区内外的实际情况出发，从其中引出其固有的而不是臆造的规律性，即找出周围事变的内部联系，作为我们行动的向导……这种态度，就是党性的表现，就是理论和实际统一的马克思列宁主义的作风。"[①] 实事求是党的思想路线的精髓和核心，也是马克思主义学风的精髓和核心。一方面，实事求是是唯物论和辩证法的统一。坚持物质世界的客观性，承认客观规律的可认知性，倡导发挥主观能动性主动改造世界。另一方面，实事求是是辩证唯物主义和历史唯物主义的统一。实事求是地认识和改造世界，必须坚持群众路线，深入实际、深入生活、深入群众开展广泛的调查研究，了解群众的实践现状。在马克思主义学风教育理论中，实事求是主要表现为三个方面。

1.一切从实际出发

一切从实际出发是指马克思主义的理论要依据客观实际情况，并且要指向对客观实际情况的改造，也就是理论来源于实践且运用于指导实践，才能发挥其根本作用。一切从实际出发的学风深刻阐明了马克思主义的实践性。一切从实际出发，既表明了马克思主义的实践源泉，又指明了马克思主义的应用方向，是马克思主义学风的核心要求。

2.真理标准的确立

马克思主义学风不仅要关注理论的来源与去向问题，还要解决理论或真理的标准问题。只有解决了真理标准问题，才能判定哪些是科学的理论，是

---

① 　毛泽东.毛泽东选集第3卷[M].北京：人民出版社，1991：801.

学习的内容，哪些是错误的思想，要坚决予以抵制。

3.调查研究的运用

调查研究是人们采取一定步骤，探求事物真实状况、基本性质和本质规律的科学方法和实践活动，是人们形成正确认识的前提和资料准备。调查研究作为一种认识工具和研究方法，在马克思主义学风体系中，不仅承担着方法论的角色，还担负着探求事物现状与本质规律的认识功能和实践特质，既是马克思主义唯物世界观和方法论的统一，也是马克思主义学风教育的重要内容和基本要求。

（三）注重解放思想

解放思想是马克思主义学风的必然要求。马克思主义要密切联系实际，必须解放思想，革除本本主义等主观主义弊病。解放思想，也就是在马克思主义指导下，打破习惯势力和主观偏见的束缚，研究新情况，解决新问题。解放思想的实质是使思想和实际相符合、使主观与客观相符合，就是实事求是。解放思想一方面根源于马克思主义继承发展的现实要求，另一方面驱动着马克思主义不断创新。

1.马克思主义要继承发展

马克思主义学风反对本本主义和教条主义的基本前提是承认马克思主义要随着历史发展和社会实践的变化不断完善，不断契合时代现状的要求，不断实现马克思主义的中国化、时代化和大众化。相反，如果否认马克思主义的发展性，则只能导致本本主义和教条主义盛行。

2.马克思主义要不断创新

创新是发展的高级形态，是解放思想的典型表现。马克思主义的创新大体可分为两种形态：一是添砖加瓦式的丰富完善；二是出现理论观点的重大创新，甚至形成新理论形态。后者往往是人们普遍认同的马克思主义的创新，前者则更多地归结为马克思主义的继承与发展。马克思主义创新是对实践中认识规律的科学总结，也是对时代主题迫切呼唤的及时回应。创新是马克思主义的理论品格。

马克思主义的诞生是人类思想史上理论创新的伟大变革。它在继承德国古典哲学、英国政治经济学和空想社会主义的基础上，开创了以唯物论和辩证法为代表的马克思主义哲学、以剩余价值学说为代表的马克思主义政治经济学，以及以阶级斗争和阶级分析方法为核心的科学社会主义理论。马克思主义的诞生，既标志着无产阶级作为独立的政治力量登上历史舞台，也代表着人类社会一种全新的社会科学范式的诞生。

第三节　高校学风的特征与育人功能

一、高校学风的特征

高校学风是学生在不断地学习、生活和成长过程中养成的稳定的学习习惯和精神面貌，具有一定的现实特征。准确把握高校学风特征，有利于在开展学风工作过程中分析所处的内部环境和外部环境，科学地设定学风目标，提高高校学生学风工作的实效性。高校学风的特征具体如下。

（一）具有历史性

学风的历史性特征表现为学风内容的时效性和学风形成过程的长期性。首先，时效性是指学风的形成具有时代背景和时代特征，学风的内容会随着时代的发展被赋予新的内涵；其次，学风的形成是一个相对漫长的时期，是不断积累、积淀的过程。

（二）具有系统性

学风工作是一项系统的工程。优良的学风不是天然形成的，而是各个方面教育管理的必然结果。从学风的群体性特征来看，学风的形成是群体性行为，而群体中的个体又是相互作用的。因此，学风也具有系统的属性。

（三）具有群体性

群体泛指本质上有共同特点的个体组成的整体。学风的群体性是指学风的形成不是由某一个体独自完成的，而是群体中的个体相互作用的结果。学风群体性可以从两个方面去理解：首先，从学风的概念来看，学风是学校的、学术界的一些学习方面的风气，而风气是社会上或集体中流行的习惯；其次，学风是反映在长期办学过程中的一种风貌。由此可见，学风是以一种群体的方式体现的。但是，在学风发展过程中，群体内的个人都是行为的主体，可以发挥自身的主观能动性。

（四）具有稳定性

学风的形成是一个长期沉淀的过程，一旦形成就是相对稳定的学习风气，有独特的规律。学风一旦形成就很难改变，在维持好的基础上持续发扬下去，通过历史的积淀，学生会秉承固有的风气，形成良好的学习习惯，为优良学风的养成奠定坚实基础。优良学风需要长时间的精心培育，而优良学风一旦形成，就可以给学习者提供精神指导，使其终身受益。同样，不良的学风一旦形成，在短时间内也难以改变。

（五）具有目标性

学风的目标性是指学风具有一定的目的性和指向性，这也就意味着加强高校的学风工作是为了达到特定的目标而服务的。例如，高校培养优良的学风是为培养社会主义事业接班人而服务的，高校领导重视学风，对学风工作提供强有力的支持；教师重视学风，提升自身道德水平，丰富专业知识，起到引领作用；辅导员重视学风，为学生服务。因此，可以说学风具有很强的目的性和指向性。但需要注意的是，学风的指向性具有二重性。一方面，学风发展的大方向相同；另一方面，因历史发展进程不同，导致学风建设内容、方法有所不同。

二、高校学风的育人功能

（一）导向功能

学风的导向功能主要表现为价值导向、目标导向和行为导向。

1. 价值导向功能

价值观是人对一切事物的是非、善恶、美丑及重要意义的评价标准，其以观念或信念的形态存在于人的思想意识中。价值观决定着一个人对事物的评价、立场与行为方式，是人生观的核心。从学生的角度来看，学风主要是指学习态度，学生的学习态度就是其价值观在学习方面的集中体现。高校学生正处于学习的黄金时期，应该把学习作为首要任务，作为一种责任、一种精神追求、一种生活方式。这就体现了党和国家对高校学生的价值导向。优良学风的价值导向作用是使学生明确学习在人生发展和社会进步中的重大意义，端正学习态度，促进他们建立正确的学习观。

2. 目标导向功能

学习动力和学习目标是学风的主要内容，具有很强的导向功能。学风的目标导向功能主要有两层含义：一是学风对高校人才培养目标的导向作用。高校人才培养目标体现了党和国家的路线、方针、政策，体现了社会发展的需求，体现了高校的办学特色和实际，体现了广大师生的广泛共识。学风的导向作用就是把党和国家的要求化为广大师生治学、求学的目标和动机，并将这种目标和动机转化为勤奋学习、奋发向上的学习行为，形成良好的学风氛围，以取得良好的教学效果。二是学风对学生个体目标的导向作用。学生个体目标是根据自身兴趣、社会需求、专业特色等诸多因素设定的职业目标或学业发展目标，学风的导向作用主要体现在为学生的学习行为提供动力、明确方向，使他们的学习活动按照预定的正确轨道进行，以取得预期的学习效果。实践证明，对国家命运、个人前途有正确认识的高校学生，树立了正确的学习动机，在校园内形成了以勤学为荣的风气，这种良好风气将会成为影响和熏陶学生的育人环境。

3. 行为导向功能

行为导向也可称作道德人格导向，是通过树立一种榜样让大家加以效仿。这种榜样具有群众基础，在心理、人格、行为等方面对群众有感召力。学风的表现形式包括校风、院风、班风、寝风等，优良的学风具有行为导向功能。高校中的优良学风榜样具有正确的学习方法、端正的学习态度、规范的学习行为，这些因素得到拓展，就会变成多数人的行为规范。共同的行为倾向和协调一致的学习行为具有很强的感染力和说服力，高校可以用群体的各种规范影响个体的行为，并使个体效仿群体。

（二）规范功能

学风的规范功能，一方面可以理解为高校针对学风建设这一工作出台的文件、制度，以及采取的措施、方法；另一方面可以理解为一种软规范，它不是靠行政手段来维持的措施，而是靠团体协调一致形成的无形力量。这种规范不是管理者对被管理者的规范，而是学生的一种自我规范。

学风的规范作用的内在机制是人的从众心理。在社会群体的无形压力下，个体不知不觉或不由自主地与群体保持一致的社会心理。对于不同知识水平、不同年龄、不同经历、不同性格的人，其从众心理强弱有差异，应该具体问题具体分析。与制度相比，学风的规范作用虽然没有那么强的约束性，但其无形而有效，也不易使学生产生逆反心理和其他负面作用。

（三）激励功能

激发和调动学生参与学风建设的积极性、主动性和创造性，是学风激励功能的重要表现。高校可以采用一定的物质手段和精神手段，引发高校学生思想动机发生变化，从而激发其内在的学习动力，提高其学习的积极性，使之自觉地将学风建设的目标与自身的人生规划协调统一起来并为之奋斗。学风的激励功能分为物质激励和精神激励两类。

物质激励主要是指"奖、助、贷、减、免、补"资助体系对学生学习的促进作用。例如，高校鼓励学生参加课外学术科技活动，并对其取得的成果进行认可和奖励，在综合测评、推免研究生、荣誉评比中予以加分或优先考虑；助学金、助学贷款、困难补助等资助措施能为家庭经济困难学生解决燃眉之急和后顾之忧；勤工助学岗的设置能为学生提供锻炼的平台，引导学生自食其力，励志成才。物质激励能促进学生在学业上取得优异的成绩，强化学生的学习动力。

精神激励主要表现为对学生的鼓励、支持、认可、赞赏、表彰等外部推动力。精神激励可以提升学生的认同感、优越感、自豪感、成就感，是对学生心理需求的一种满足，能够持久地、深层次地调动学生的学习积极性。

（四）同化功能

从中学进入高校是学生社会化过程的继续，高校学风作为学校文化的主要组成部分，是影响学生继续社会化的重要因素。学生在校园里必然会被学风同化，这是他们的社会化过程的继续。学风作为学生社会化的主要社会环境，其同化功能表现为通过学习态度、学习方法、学习目标、学习热情、意志品质，不断地向学生传递价值观、信念、意识、态度等信息。新生把高年级学生传递下来的价值观等信息过滤、选择、效仿，使之成为自己认知结构的一部分时，也就意味着新生以受动的方式被其他人的学习态度或行为习惯所同化，从而实现角色的同化。

学风的内容与高校学生自身的知识结构之间的相容程度，是学风同化功能的重要影响因素。同化的主体即群体学风要具备可效仿性，要能体现出高于个体的思想道德境界，要能反映时代精神，体现时代的主旋律，符合个体提高自身素质的内在需要，成为个体内在追求的目标；相反，如果群体学风低于个体的思想政治道德水平，就会降低个体思想政治道德水平。同时，群体学风还要让个体觉得通过努力完全可以实现。因为如果完全实现不了，则不能激发学生同化的内驱力，就无法实现内化，也就谈不上实现正面的同化了。

　　学风的同化功能不是个体被群体学风影响的单向过程，而是二者之间的双向互动的过程。学生个体不是完全被动地接受学风的影响，而是需要一个相互作用的、具有能动性的过程，即接收到的群体学风的信息与自己的认知结构中已有的相关观念或认知相互碰撞、反应和融合。同时，个体也会影响群体学风，在一定程度上起着改造群体学风的作用。因此，我们不仅要重视通过建设优良的群体学风来培育良好的个体学风，也要重视通过不断提升个体学风来塑造群体学风，最终达到全面建设优良学风的目的。

第五章　高校学风建设的多维阐析

第一节　高校学风建设的内涵、性质及特点

一、高校学风建设的内涵

学校开展学风建设的过程也是帮助高校学生树立正确的学习价值观的过程，其根本目的在于通过不同的措施和形式对学生进行学习方面的价值观教育，使学生在学习目的、学习态度等方面做出正确的价值判断。[①] 由此可见，高校学风建设的过程即为高校通过不断创新、不断改革以促使良好学风形成的过程。

在对高校学风建设内涵的界定过程中，关于主体的确认有着不同的争论。有的学者从学生、教师、管理者等角度提出了"单一主体论"；有的学者将高校师生共同视为学风建设的主体，提出了"师生二元主体论"；还有的学者认为，学生、教师、管理者等群体在高校学风建设的过程中均发挥了重要的作用，因而坚持"多元主体论"。总之，学风建设的主体具有复杂性。高校管理人员、教学人员、后勤人员以及高校学生分别在各自不同的层次对学风建设产生了不同的影响。其中，高校管理者自身的作风以及其对于相关政策的理解和制定等都对高校学风建设工作的开展有着关键性的影响；各类专业岗位管理者对于学风建设的认识高度等对高校学风建设工作的开展有着直接的影响；教师的师德、教风、价值观念以及行为举止等对于高校学生学风的形成有着深远持久的影响；后勤保障部门人员的责任意识以及管理能力对于良好学习风气的形成有着潜移默化的影响；高校学生作为高校学风建设的重要对象，其自身的学习态度、学习行为以及主体意识等均对高校良好学风的形成有着至关重要的影响。

在全面分析学风建设主体的基础上，综合学者关于高校学风建设内涵的研究，本书将高校学风建设界定为高校为了促进高校学生群体形成良好的学风而做出的一系列工作，即高校各个职能部门以及相关教育教学人员通过加强对高校学生的教育和引导等相关工作，促进高校学生形成更加明确的学习目标、更加端正的学习态度、更加严明的学习纪律、更加科学的学习方法、更加浓厚的学习兴趣。高校学风建设不仅关系到高校学生正确"三观"的树立，

---

① 　陈玉栋.试论高校学风建设的概念、主体及特性 [J].高教探索，2014（4）：92-96.

还关系到我国"双一流"高校的建设，更关系到中国特色社会主义事业的发展。因此，高校在加强学风建设的过程中应坚决保持马克思主义这一鲜明底色，自觉用习近平新时代中国特色社会主义思想武装头脑，并努力将思想政治教育贯穿学风建设的各个过程，从而最大限度地提升学风建设的实效性。

二、高校学风建设的性质

学风是高校的立校之本，直接体现了学校的整体精神风貌，反映了学校的历史积淀、教学传统、教学水平和学生培养质量，关系学校的声誉，影响着学校的生存与发展，甚至关乎民族存亡，具有极其重大的意义。

（一）高校学风建设是一项系统工程

学风建设是高校一项长期、细微、复杂、艰巨的系统工程，是高校一切工作的基础。从高校学风建设的视角观之，学风则是学生的求学、研学之风，教师的教学、治学之风，教学管理人员的督学、管学之风，学校领导的办学、导学之风的总和。它反映的是人们内心深处深层的价值理念、世界观和方法论。对个体而言，它体现在个体的学习动机、学习态度、学习意志、学习习惯、学习纪律、学习品格和学习成绩中；对群体而言，它凝聚着群体的价值取向、精神面貌、文化品格、行为规范和研学氛围；对组织而言，它体现着组织的哲学理念、文化品位、精神诉求。学风是高校的理念和精神的体现，是一种隐形的教育力量，对学校的教育活动有着潜移默化的巨大影响。如何培养高校学生刻苦好学的进取精神和严谨治学的优良风尚，是当前高校学生教育和管理中一大难题。高校学风建设的一项重要内容就是凝聚高校理念，彰显高校精神，构建高校文化，倡导以学为尊的价值取向，打造尊师重教、严谨求实的校风、班风、课风，营造团结和谐、健康向上的室风、舍风，培养严肃有序、诚实守信的考风，培育以人为本、育人为先服务社会的党风、政风、管风、教风。

（二）学生素质教育是学风建设的重中之重

当下，高校学风整体较好，学生能够认真对待学习，学生对教师教学水平的评价较高。大多数学生的学习目标比较端正，学习是为了掌握一技之长，为就业打好基础，或者是为了全面提高自身素质，为实现人生理想做准备；对自己目前的学习状态和所学专业比较满意；具有积极的学习态度，能够课堂上认真听讲，课后与教师、同学进行沟通和交流，并能够主动学习；

能够充分利用课余时间，如上自习、参加学术讲座、阅读教师推荐书籍、到图书馆查阅资料、独立完成作业等；对教师的教学水平评价较高。

学风建设分为宏观建设和微观建设。微观建设是采取具体的措施改变学生的学习状态，而宏观建设是展现高校理念、彰显人文精神和生命价值。高校理念反映了根本不同的治学精神和指导思想，是高校的根魂之所在，影响着高校学风建设的质量。人文精神强调在人与知识的关系中更加注重知识对人的精神成长和人格养成的内在价值，而并非传统的只重视社会价值和经济价值等外在价值。生命意义注重将学生的生命看作一个整体，而教育是整体生命中的一种生活方式，教育过程也是学生素质提高、人格构建、生命体验和生活意义创造与实现的生成过程。教育能扩展生命意义，教育也即生命本身。

由此来看，学风建设中最为重要的是学生素质教育。学风不仅仅是学生学习的一种客观状态，更是学生内化而成的一种精神气质，这种精神气质还需要素质教育的进一步推动。

三、高校学风建设的特点

（一）学风建设具有长期性

学风建设是一项面广量大的工程，高校要想取得成效，必须有长远的恒心和毅力。一方面，学风凝聚着高校的治学理念，体现着高校的精神文化，传承着校风的历史文化基因，并且在一定程度上标示着高校的文化变迁。它随着高校的产生而产生，并在高校长久的办学过程中逐渐沉淀和固化。学风一旦形成即相对稳定，并经由高校学生持续传承。学风的恒久性和传承性决定了高校学风建设不可能是一蹴而就的。另一方面，高校学风是一个极具包容性的有机系统，它的形成建立在高校教学人员、管理人员和后勤人员共同培养的基础上，受到校风、教风以及管风的共同影响。只有校风建设、教风建设、管风建设以及学风建设多管齐下，高校学习风气才能得到有效净化和改善。而这个过程也不是一朝一夕的，更不是一帆风顺的。因此，学风建设的整体性决定了高校必须长期地、持之以恒地去开展学风建设相关工作，遏制不良学风。

（二）学风建设具有系统性

高校学风建设贯穿高校学生在校期间的德育、智育、体育、美育、劳育等各个环节，是一项涉及高校各个方面的系统工作，其开展依赖于全校师生的共同努力。首先，在加强高校学风建设的过程中，管理人员、教学人员、后勤人员以及高校学生均发挥着无可替代的作用。领导者的作风、各类专业岗位管理者的管风、教师的教风均对高校学生学风产生了至关重要的影响，四者之间相互联系、互促共进。其次，高校优良学风的形成是长久的、缓慢的。高校应坚持整体性的原则，将优良学风的培养贯穿高校学生的整个受教育过程，并根据各个年级高校学生不同的特点，有的放矢地采取措施以加强对其的教育引导。最后，高等教育应以人的发展为目的。学风建设作为高校的基础性工程，是提升人才培养质量和水平的重要路径。高校在加强学风建设的过程中，不仅应注重增强高校学生的专业技能，还应注重陶冶其道德情操，提升其综合素养，即进行全方位的人才培养。因此，高校在加强学风建设的过程中应秉持全员育人、全过程育人和全方位育人的理念，并运用系统论的相关原理和方法，不断整合各方面合力，以取得学风建设的最佳效果。

（三）学风建设具有发展性

首先，随着中国进入新时代，我国的经济社会体制改革取得了突破性进展，中国制造实现了创造性的飞跃，教育现代化极大推进，在全球的影响力显著提升。新时代新形势下，中国的发展对高等教育提出了新的、更高的要求。因此，高校学风建设只有不断发展和进步，才能适应高等教育发展的要求，满足中国特色社会主义对于高等人才的需要。其次，随着市场经济的发展、社会开放程度的提高以及电子通信工具和互联网的进步，影响高校学风的因素增多，高校学风建设的复杂程度和艰巨程度也随之增强。与此同时，高校学风建设也得到了高度的重视，取得了长足的进步，从而促使高校学风建设在不断加强、不断完善的过程中实现发展。最后，外部大环境的发展不仅为高校学生的学习带来了许多便捷，还给高校学风建设带来了诸多挑战。

第二节　高校学风建设的主要内容

学风是一个多层次、多要素的系统。一般来说，大多数高校都用简洁明了的词语来概括学风。高校学风建设所包含的内容主要包括以下四个方面。

一、进取之风教育

进取是一种积极的心理状态和精神面貌，反映了主体设立自身目标的自觉性，以及为实现目标奋勇拼搏、百折不挠的奋斗精神，具有目标性、自主性、坚韧性和未来性等特征。目标性表示个体的努力奋斗具有明确的指向性，是为某一任务或目标而做的努力；自主性表示个体的努力主要由自我的内在驱动力激发，是自觉自愿的行为；坚韧性指个体在遭受困难与挫折时能够坚韧不拔，不轻言放弃；未来性指进取的目标是尚未实现的个体需求，对个体有着强烈的吸引力。进取精神与学习实践活动相结合，形成了进取学风。进取学风指学习者在学习过程中自觉设立学习目标，为实现学习目标不断奋斗、百折不挠的积极心理状态和精神面貌。高校开展进取学风建设，具体要从理想信念教育、社会责任教育、科学发展教育和竞争态势教育四个方面开展。

（一）理想信念教育

第一，培养理论思维能力，充实精神世界。培养理论思维能力，要引导高校学生认识思想的伟大性，乐于学习伟大的思想和理论。法国17世纪思想家帕斯卡尔在名著《思想录》中提出"思想造就人的伟大"之命题。他将人比作自然界最脆弱的苇草，一口气、一滴水就能致人死命，但人的伟大就在于人有思想，能认识到死亡的必然性以及宇宙万物的特性。帕斯卡尔将人类伟大的根源仅仅归结为思想，虽然有片面与唯心之嫌疑，却能让人们充分认可理论思维对反思人类存在的意义与价值。高校学生要通过广泛涉猎哲学、教育学、心理学、社会学、文学、历史学等人文社科类经典著作，拓展自己的知识视野，深化自己的思维深度。要培养理论思想能力，更要引导高校学生学习马克思主义理论，认可共产主义信仰的伟大。马克思主义是科学的世界观和方法论，为人的健康成长、社会的发展进步提供世界观、人生观和价值观的引导，是高校学生应对瞬息万变的社会现象和激烈的价值观念冲突的制胜法宝。高校学生理想信念教育的实质是用马克思主义理论占领高校学生思想认识的高地，帮助高校学生确立坚定的政治信仰。在高校学生中开展马克思主义理论教育，与党的马克思主义学风教育走向了一致与融合，凸显了马克思主义理想信念对高校学生进取学风的激发与保证作用。

第二，确立健康的价值观念，引领生活世界。一方面，用健康的价值观念统领生活。理想信念属于最高层级，是对人的思想和行为起决定性、统摄性作用的价值观念。理想信念教育的实质是引导高校学生确立健康的价值观念。只有确立了健康的、被社会所需要和认可的价值观念，才能使高校学生的理想信念崇高远大，对人类历史的发展和社会的进步有所裨益，才能从根本上遏制高校学生生活世界中盲目崇拜金钱、爱慕虚荣、贪图享乐、见利忘义等不良行为。另一方面，将健康的价值观念融入生活。高校学生缺乏理想信念的主要原因之一是理想信念教育脱离高校学生的日常生活。思想政治教育者往往认为，理想信念教育和高校学生学风教育都是为高校学生未来的职业生活做准备的前瞻性教育，由此理想信念教育的目的脱离现实生活。同时，理想信念指向未来、崇高远大的思想属性又使思想政治教育者将理想信念阐述得高度抽象，更加割裂了理想信念教育与生活世界的联系。在终身学习教育思想日益成为主导性学习思想的大背景下，思想政治教育者要将理想信念教育作为高校学生当下学习生活的核心内容，运用贴近现实、贴近生活、贴近实际的教育素材，将抽象的理想信念转化为高校学生日常学习追求的价值观念和行为目标，加强理想信念教育的现实性和实效性。

第三，坚持不懈的付出，拉近与梦想的距离。艰苦奋斗是理想信念转化为现实的关键环节。马克思曾言："在科学上没有平坦的大道，只有不畏劳苦沿着陡峭山路攀登的人，才有希望达到光辉的顶点。"[1]理想信念的实现，离不开思想理论的指导和价值观念的校准，更离不开坚持不懈的实干奋斗。常言道："台上一分钟，台下十年功。"高校学生学业任务的完成、考试高分的获得、实验数据的获取、发明专利的创造、高水平论文的完成，以及每一个成就的摘取、每一个梦想的实现，都离不开实干、汗水与坚守。思想政治教育者要培养高校学生的规划意识，通过思考人生的目标和职业发展路径，制作和完成人生规划、职业生涯规划，并具体落实到高校学习规划中去。思想政治教育者要培养高校学生的实干精神，引导高校学生通过勤学苦练、踏实奋进，把美妙的人生画卷和周密的学习规划变为现实。思想政治教育还要培养高校学生耐受挫折的能力。思想政治教育者要引导高校学生辩证地看待学习过程中的挫折，将其归因为现有条件不成熟、学习方法不当、学习努力不够等主客观因素共同导致的结果，减少自身的懊悔、自责和畏惧心理，将其看作学习成功路途上的必要考验和可贵财富，促进高校学生战胜挫折，坚定信念，迎接成功。

---

① 中共中央马克思恩格斯列宁斯大林著作编译局.马克思恩格斯文集（第五卷）[M].北京：人民出版社，2009：24.

（二）社会责任教育

第一，引导高校学生处理好个人与社会的关系。人的本质是社会性的存在，人与社会相互依赖，不可分离。人的社会责任由人的社会性本质所赋予。个人与社会的关系，既要求高校学生深刻领会社会责任的必然性，又要求他们学会正确处理集体利益与个人利益的关系。高校学生只有处理好个人与社会、个人利益与集体利益的关系，学习才能更有干劲，并从根本上解决政治责任淡漠、公共责任缺失等问题。

第二，引导高校学生处理好自由与责任的关系。自由与责任是辩证统一的矛盾范畴，自由是责任的基础，自由本身意味着责任。自由是责任产生和存在的前提，责任的履行保证了自由的实现。经过社会责任教育，高校学生需认识到，他们的学习只有符合社会和学校的需求，才能自由地实现自身学习目的，获取学习带来的利益。高校学生的生命是自由与责任的统一体，必须在完成约定的学习任务、达到相应的学习要求时，才能成为自由的、有意义的生命。虚度青春、荒废学业不是自由，而是社会责任的丧失，是个体自由的贬损与不自由的肇始。

第三，引导高校学生处理好权利与义务的关系。权利与义务是辩证统一的，高校学生在享受高等教育受教育权的同时，必须完成各项学业任务并修满相应的学分才能顺利毕业，或获得继续在校学习的权利。从学习的底线道德角度看，完成各项学业任务并顺利毕业，是高校学生学习责任的最低要求，也是最起码的学习责任。部分高校学生辜负了父母和学校的期待，学习成绩差，甚至被劝退、开除，实质是没有履行好学习的基本义务，由此被高等学校取消了受教育的权利。高校不仅可以通过退学、开除等方式剥夺高校学生受教育的权利，还能以出勤考核、作业考核等为依据，采用取消考试资格等方式部分剥夺高校学生某门课程的受教育权。因此，高校学生必须明白，高校既不是"游乐场"，也不是"保险箱"，必须切实做好学生的本分。

（三）科学发展教育

科学发展观不仅是当前我国经济发展和社会治理的指导思想，还引发了教育思想的变革与更新。郑永廷先生认为，坚持科学发展观是促进人的全面发展的指导理论。在实现人的全面发展过程中，必须坚持以人为本的发展观、全面发展观、自觉发展观和持续发展观，最终才能将科学发展理念融入教育教学中。

1. 人本学习观

人本学习观，就是学习的实现既依赖学生的发展与成长，又促进学生的发展与成长。培养以人为本学习观，要以培养高校学风的"内源性因素"为本。高校学风生成的"内源性因素"指高校学生对学习的兴趣、爱好、情感、动机、价值观和理想信念等主体内在的、精神性的思想观念。高校学生是学习的主体和实施者，要想培养高校学生学习的自觉意识、主体意识，塑造优良学风，"内源性因素"的塑造是根本。培养进取学风，必须以激发高校学生对学习的兴趣、爱好、情感、动机，确立正确的价值观和理想信念为首要前提。

2. 全面学习观

一是学会认知。认知的对象不再局限于狭义的"知识"，而是包括自然、社会等外部世界以及人类自身的主观与精神世界。学会认知主要是为了掌握认识的手段，而不是获得经过分类的系统和知识。学习可以作为人生手段，帮助人们了解世界，提升自我能力，有尊严地生活；也可以作为人生目的，帮助人们进行理解、认识和发现，从各个角度来了解自己所处的环境，有助于唤起人们对知识的好奇心，激发人们的批判精神，使人们在独立思考的基础上辨别是非。

二是学会做事。在技能形态方面，由于人类社会"生产过程"日益向"非物质化"与"智力化"转变，要求学习者不仅要掌握具体职业技能，还要有适应世界变迁的综合素质和能力。因此，高校要注重对学生综合素质的培养。在技能归属方面，随着以知识、信息为基础的服务行业的比重升高，人们不仅需要较高的智力技能，更要掌握处理人际关系和人际矛盾、组织管理的社会行为技能。这就需要高校引导学生从社会实践、工作实习、人际交往中去培养这些社会行为技能。

三是学会共同生活。学会共同生活表示学习者居于相互依赖、共同发展的学习共同体之中，需要相互尊重、相互合作和分享，最终实现共同发展。高校学生学会共同生活，是高校集体生活的必修课。

四是学会生存。学会生存的目标在于通过教育和学习，帮助高校学生克服工业社会中片面追求物质文明而导致的个人主义、享乐主义和消费主义的"异化"，旨在将高校学生培养为认知、情感、道德、审美、身心诸方面健全的、"完整"的人。克服异化、培养完整的人，是全面发展观的核心内容和最终落脚点。

3.自主学习观

所谓自主学习，就是学生自觉地、主动地学习。在高校学风建设中，培养高校学生的自主学习观，就要先丰富高校学生的主体性。传统思想政治教育理论认为，教育者是教育的主体，学生是教育的客体。建立自主学习观念，意味着教育者既要将学生看作教育的客体，又要将学生看作自我认知的主体。学风教育在于激发学生内在的求知精神，使其从"要我学"的消极被动状态转化为"我要学"的积极主动状态。

高校学风建设尤其要注重培养高校学生的自学意识。高校学生作为高级专门人才的雏形，具备自学、研究、独立思考能力是其学习能力的基本前提。高校学生身处于高校之中，有学问渊博的指导教师、配置先进的实验设备、馆藏丰富的图书场馆、充裕安静的自习教室，具备优越的自主学习条件。高校学生学分制、选修制的普遍推进和转专业要求的渐趋宽松，给高校学生在一定范围内自主选择课程和专业提供了制度许可。高校学生经过近20年的培养和储备，自身的知识水平、学习能力、思维能力足够支撑其开展自主学习。自主学习是高校学习方式与高中学习方式的重要分野，也是高校学风建设的重要内容。

4.持续学习观

持续学习植根于现代终身学习思想，认为人的学习应该立足于长远发展，贯穿人生命的全过程。学习是高校学生生活的主要任务，要贯穿其高校生活的始终。持续学习观教育，就要先讲明学习的系统性和连贯性。高校学习是按照专业和课程成体系化进行，各个学科的知识都有其编排的前后逻辑性和连贯性。学习上的时断时续、一曝十寒，只会导致系统知识的零碎、杂乱，难以真正领会学科知识的精华。尤其是科研，更需要"咬定青山不放松"的毅力和持续不断的探索精神，学问方可有所成就。

（四）竞争态势教育

1.学业竞争态势

进入高等学校，并不意味着学业竞争的终结，而是高水平学业竞争的开始。高校学业呈现高度的专业化，需要强烈的钻研精神和高度的自觉意识方能完成。高校是高等专门人才的集散地，也是高手云集、人才济济的竞争高地，其中各项评优资助、入党升学、论文发表的名额，都是通过层层选拔与淘汰产生的。各个高校都有相应的淘汰机制，竞争已经成为高校学生学业生活的常态。

2. 就业竞争态势

高校扩招的步伐使高校学生的人数激增，不断刷新高校毕业生人数，极大地增加了就业竞争的人口基数。同时，留学回国人数增长较快，降低了国内高校毕业生的优质就业机会。内外夹击的局势导致高校毕业生就业形势严峻，竞争压力逐年上升。

3. 职业竞争态势

在激烈的就业竞争中取胜，只是进入职业生涯的第一步。从行业竞争态势看，各行各业的职业发展压力都在增加，传统的"铁饭碗""银饭碗""金饭碗"都渐渐被打破。从职业发展态势来看，现代职业生涯竞争压力巨大，知识更新不断加快，对从业人员的学习、培训、知识更新能力要求越来越高。高校学生走入职场，并不意味学习的终结，而是处于工作与学习永恒交织的状态。高校学生要想取得工作的进步和事业的成就，获得职业的优化和职位的晋升，就更加需要形成竞争的心态，不断进行学习与工作能力提升。

二、诚信之风教育

（一）诚信价值教育

诚信作为协调和规范人们社会行为的关键道德原则和价值观念，在高校学生学习行为中具有强烈的个体价值与社会价值。

1. 诚信学风的个体价值

诚信学风的个体价值是指高校学生在学习活动中的诚实守信对个体所起的作用与功效。诚信学风是学习道德的核心构成，对高校学生的成长与发展具有不可忽略的价值。

第一，塑造道德品质。诚信是道德品质的一种核心内容，高校学生具有学习上的诚信品质，有利于提高自身道德品质。高校学生在学业上态度端正，认真听讲，按时完成作业，不迟到早退，不抄袭作业，真诚对待同学和师长，必然会在日常生活和今后职业生活中具有强烈的时间观念和纪律观念，形成良好的人际关系。高校学生在考试上严肃认真备考，发扬勤奋努力精神，用诚信求实、追求卓越的精神对待考试和各项考验，必然会用真诚、慎重的态度对待生活、职业中的每一个挑战，从而避免偷懒耍滑、好逸恶劳、投机取巧等不良心态。高校学生在科研上确保数据的真实性，坚持论文的原创性，保证引文的规范性，严谨细致、乐于钻研、实事求是，必然会用严谨、探索、求实的精神去对待生活和职业中的每一项事物。学习是生活的一个构成部分，诚信学风是个体道德的一个重要构成部分。诚实守信的学风能塑造个体的良好道德品质，作弊取巧的学风则会侵蚀与败坏个体的道德品质。高校学风建设要让高校学生认识到诚信学风与个体道德品质的内在联系，建立内心的道德律，主动依照诚信原则约束自身行为，抛弃和远离学习上的失信与不端行为。

第二，增进人际关系。学习行为是一种社会行为，是在多重社会关系中开展的。社会关系的融洽与和睦，对增进学习状态大有裨益。诚信作为一种人际交往的准则和道德原则，能从多角度增进和丰富高校学生的人际关系。高校学生在宿舍营造慎重对待学业、共同努力学习、共同追逐理想的学习氛围，能构建志同道合的宿舍人际关系。近年来屡见不鲜的"学霸宿舍"就是诚信进取学风对宿舍人际关系、宿舍共同成长的有效推动。高校学生在日常学习中诚以待人，乐于助人，拒绝抄袭、作弊等不道德行为，能树立良好的道德形象，让其他同学和教师赞赏和亲近，是建立良好同学关系和师生关系的渠道。高校学生用严谨的态度对待实验数据，撰写具有理论深度与思想火花的高质量论文，还能以文会友，用学术成果融入学术圈子，逐渐获得学术地位。高校学生用端正刻苦的态度完成学业，学得真本领，取得新进步，也会让父母、亲人欣慰和骄傲，增进亲子关系。

第三，推动终身发展。人的终身发展既包括思想道德素质、科学文化素质的不断成熟和完善，也包括贯穿终身、不断趋向成熟与完善的过程。诚信学风是人的思想道德的核心品质。诚信学风教育必然能不断提升高校学生的思想道德水平，提高其综合素质，使高校学生成为一个诚信、受到社会尊重、有道德、有尊严的人。诚信学风关涉高校学生的学习态度和学习质量。高质量的学习效果能夯实高校学生的知识结构、专业功底和科研能力，有利于促进高校学生今后的职业发展和科研成果的取得。诚信学风能帮助高校学生获得真才实学，增加高校文凭的含金量和自身的竞争力。高校学生应在学习上恪守诚信，毕业后在经济、社会生活中遵守市场经济的信用原则，遵循人际交往的诚信道德，恪守诚信法律制度的底线要求，成为诚信社会的合格公民。

2. 诚信学风的社会价值

第一，巩固社会道德。诚信作为中华优秀传统美德的核心构成，也是社会主义核心价值观的重要内容。诚信是社会道德建设的关键着力点。社会主义市场经济是信用经济，需要个人与他人、个人与企业建立诚实不欺、相互信任的关系，需要企业提供货真价实、品质保障的经济产品。社会主义政治建设不仅要求建立言而有信、有公信力的政府形象，要求增加民族亲和力和认同意识，维护民族统一和团结，还要求建立恪守国际公约、坚守道义与责任的国际形象。诚实守信是社会主义职业道德的重要内容。人们只有在职业活动中恪守诚信、保证工作质量、真诚服务顾客，才能获得相应的劳酬和社会的尊重。诚信也是婚姻家庭道德的核心构成。夫妻双方彼此忠诚、共同信守婚姻承诺，保证婚姻关系的纯洁性和排他性，是婚姻延续的基本前提。家庭成员彼此信任、相互帮扶，是家庭和睦的重要心理基础。诚信是社会主义市场经济、社会主义政治建设、社会主义职业道德和社会主义婚姻家庭道德的共同道德核心。开展诚信学风教育，必然有助于提升高校学生群体的诚信意识，以高校学生为突破口巩固与提升社会道德。

第二，缩减社会成本。卢曼认为，信任是社会复杂性的一种简化机制，能削减社会交往和社会实践的复杂性，信任构成了复杂性简化的比较有效的形式。① 诚信学风包括信任在内，能简化社会交往的烦琐步骤，极大地缩减社会的心理成本、经济成本和管理成本。如果高校学生群体都能恪守诚实守信的学风，保持良好的学习态度、独立完成课程作业、恪守考场纪律、确保实验数据的真实性和论文的原创性，高校教师教学中就可以省去点名、查旷课名单环节，批阅学生作业、实验报告时就可以省略甄别抄袭、作假与否的步骤；高校的期末考试就可以改为无人监考，大大减轻人力成本；学术期刊也可以省略"查重"手续，提高工作效率。从科研质量的角度看，开展学风教育，缩减虚假科研项目的开展，减少科研数据的捏造、篡改以及虚假科研成果的发表，将是对科研经费、社会公共资源的极大节约。同时，高校学生通过诚信方式获得的毕业证书和职业资格证书也会受到社会的信任和用工单

---

① 卢曼. 信任：一个社会复杂性的简化机制 [M]. 瞿铁鹏，李强，译. 上海：上海人民出版社，2005：8.

位的重视。虽然所有高校学生都做到统一标准的诚信学风要求是一种理想性假设，但是其对缩减社会成本的作用不言而喻。

第三，推动社会发展。高校学风不仅受社会风气的影响，还能反作用于社会风气。高校学生普遍确立诚信学风和诚信文化，可以对净化社会风气、建设社会诚信道德时尚发挥引领作用。同时，高校在诚信文化氛围中培养出来的人才，将是思想品德过硬、专业能力优良的"又红又专"人才，可作为社会发展的生力军，投入社会主义现代化建设之中。高校学生诚信学风还可以加快高水平科研成果的产生与应用。高校学生诚信学风的培养，要求高校教师与高校学生共同秉持严谨细致、实事求是、经世致用的精神，针对实践需要开展科学研究。科研诚信的推进有利于减少学术泡沫和学术垃圾的堆积，解决"真问题"，产生"真成果"，并能够将高水平科研成果投入社会应用，实现高校产学研的结合，推进高等教育社会服务职能的运行。

（二）诚信品质教育

通过诚信价值教育，高校学生可以明白诚信学风对个体成长和社会发展的重要价值。诚信品质教育则意味着开始对高校学生进行认知教育、情感教育和行为培育，帮助高校学生从认识上深入了解诚信学风、从情感上拥护钦佩诚信学风，以及从行为上践行诚信学风。

1.诚信学风的认知教育

诚信学风的认知教育，主要指增进高校学生对学习诚信观念的认识和了解的教育过程，主要包括以下三方面内容。

一是掌握学习诚信的基本含义与历史传承。学习诚信主要指学业、考试和科研活动中具备真诚、诚实、守信的道德品质。诚信学风是中华几千年的学习、学术活动的道德主旋律，具有悠久的历史传统。中国传统文化的诚信学风体现为弘扬求真务实精神，坚持"知之为知之，不知为不知，是知也"[①]，强调诚信学风教育。

二是掌握诚信学风的个体价值与社会价值。诚信学风不仅能塑造道德品质、增进人际关系、推动终身发展，还能巩固社会道德、缩减社会成本、推动社会发展。掌握诚信学风的个体价值与社会价值，能使高校学生深刻理解诚信学风的巨大作用，促使高校学生主动按照诚信学风的要求，约束自己的

---

① 刘维.论语 [M].哈尔滨：黑龙江科学技术出版社，2015：15.

学习活动，提高高校学生践行诚信学风的主体性、主动性和自觉性。

三是掌握诚信学风的现代理论与适用范围。诚信学风不仅关涉高校学生的思想品德和学业状况，而且与政治诚信、经济诚信、心理健康等各个领域有紧密联系。诚信学风认知教育的关键是提高高校学生对诚信学风的认知能力和理性判断水平，拓展诚信学风的适用范围。

2. 诚信学风的情感教育

诚信学风作为一种道德品质，其建立与培养需要一定的感情基础做保证。诚信学风的情感是高校学生对学习上诚实守信行为的情感好恶和价值评价。诚信学风的情感教育集中于两个方面：一是确立诚信学风的是非观。也就是说，要弄清楚学业活动中哪些行为是对的，符合诚信价值观的要求；哪些行为是错的，违反诚信价值观的要求。高校学生诚信学风教育，要先使高校学生确立正确的是非观，能正确评价学习中的各类现象，这样才能为诚信学习行为点赞，拒斥不诚信学习行为。二是确立诚信学风的荣辱观。也就是说，要用光荣和耻辱的概念，表明学习中的支持行为和反对行为，并力求通过努力获得良好学习成果，取得社会赞赏。在诚信学风是非观的基础上，思想政治教育者应鼓励高校学生树立"诚信光荣、背信可耻"的学习观念。从正向看，思想政治教育者要指出诚信学习的要求和目标，推动高校学生在日常学习、考试考核和科研活动中争先创优，取得学业的进步和自身的成长，获得教师、同学、家长等各方面的认可；从反向看，思想政治教育者要指出不诚信行为的各项表现和危害，强化高校学生的羞耻心，拒绝不思进取的不良学习态度，尤其拒绝用作弊、抄袭等投机取巧的手段获得学业和科研成绩。

3. 诚信学风的行为培育

"知行统一"是道德教育的根本原则。道德行为能力的有无对培养优良道德品格具有决定性的意义。忽视培养道德行为的道德教育，往往培养的是"说一套做一套"的伪善者和道德骗子。高校学生诚信品质教育，必须以培育高校学生诚信学习行为作为落脚点。高校学生诚信学风的行为培育，要从高校学生日常的出勤、纪律、课堂表现、课下自学、课程论文、毕业论文等各项学习行为做起，采用行为自律、制度约束、集体监督的方式，将诚信意识、诚信情感转化为日常行为，培养高校学生良好的道德品质。

高校学生诚信学风的行为教育尤其要注重巩固高校学生的诚信学习习惯。道德习惯是个体经过长期训练与强化而形成的相对稳定的道德品质和心理定式。道德习惯具有明确的倾向性，能简化道德主体的内心挣扎和冲突，提高道德行为的效率，降低道德行为受干扰的可能性。道德习惯具有相对稳定性，确保教育效果的持续性和长效性可以巩固思想政治教育的成果。思想政治教育者要鼓励高校学生在学习中制订明确的学习规划，严格执行学习规划的进度和安排，有意识地养成具有个体特色的学习习惯。思想政治教育者还要鼓励高校学生发扬坚定的意志和强烈的毅力，克服学习中的懒惰、突发状况、社会诱惑等因素的不良影响，确保良好学习习惯的稳定性。

（三）诚信法治教育

高校学生学风的诚信法治教育是向高校学生宣传和宣讲学习诚信相关的法律、制度和管理规定，培养高校学生的法治精神、守法意识和纪律意识的教育活动。

1. 我国诚信学风法制

我国与高校学生学风相关的法律、制度和管理规定可以分为国家相关的法律、法规和管理规定以及高校相关的管理制度和规定两个层面。

当前，我国已经制定和颁布的高校学风建设的法律和制度非常丰富，法律法规包括《中华人民共和国刑法》《中华人民共和国教育法》《中华人民共和国高等教育法》《中华人民共和国学位条例》《中华人民共和国知识产权法》《中华人民共和国学位条例暂行实施办法》，制度包括《教育行政处罚暂行实施办法》《高等学校知识产权保护管理规定》《国家教育考试违规处理办法》《普通高等学校学生管理规定》《高等学校学术委员会规程》《高等学校预防与处理学术不端行为办法》等。相关法律法规对学生在校表现、学历文凭的申领、学术诚信规范做出了明确的规定。

各个高等学校结合国家、教育部和各地方教育主管部门的相关法律法规、管理制度和文件，纷纷制定了各自的学风建设管理规定。

2. 诚信学风法治教育

思想政治教育者可以根据国家关于学风建设的法律法规和各个高校学风管理的具体规定，重点警醒后进学生的学习危机感，激发他们改变学习面貌、认真对待学业的决心。思想政治教育者可以根据考试管理规定和违纪处分管理规定，在考试前夕加强高校学生的认真备考意识，消除和杜绝考试作弊的投机心理。思想政治教育者可以援引国家和学校关于学术不端行为的处理和申诉办法，威慑、预防和禁止高校学生在科研活动中发生失信行为。思想政治教育者还要培养高校学生的监督意识和法治精神，一旦发现自身的学术成果遭到侵害或发现他人的学术不端行为，要敢于拿起法律武器，通过申诉、举报、媒体曝光和法律诉讼等多种途径，捍卫自身的知识产权，维护学术研究领域的诚信学风。

三、严谨之风教育

严谨学风是指用严格谨慎、精益求精的态度对待学习，在学习中求真、求实、求精，反对不求甚解、马虎过关的"不走心"式学习。严谨学风的教育主要涵盖求是精神教育、科学态度教育和严谨风格教育。

（一）求是精神教育

在马克思主义学风教育思想中，讲求实事求是，反对弄虚作假；在中国古代学风教育思想中，讲求求真务实，反对学术剽窃。高校学生只有保证学习内容客观可靠、学习态度求真务实、学习过程严格规范、学习结果真实无妄、学习用途面向实践，才能求得真知识，从而解决真问题。

1. 塑造民主平等的学习氛围

高校学生要做到求真务实，不盲从书本和权威，不被动背诵本本和教条，这有赖于教育者建立民主平等的学习氛围。教育者要在学习中鼓励高校学生进行学术交流讨论和自主发言，引导高校学生积极思考和组织自己的思想观点，使他们敢于质疑与发展前人思想。教育者要在学习中教会学生学习方法，鼓励学生自主学习，提供阅读书目，提供针锋相对的不同理论和观点，启发学生心智，为学生铺就自主研究与探索的求知、求真之路。教育者要尊重高校学生的话语权，给予青年学者学术的自由空间，鼓励和扶植那些言之有理、言之有据的学术观点发表，营造健康的学术争鸣与学术批评氛围。教育者要珍视高校学生思想中的闪光点和学业中的点滴进步，推动高校学生保持学习的热情和探究的动力。

2. 提倡调查研究的学习方法

实事求是精神重在对客观现实与规律的完整把握。调查研究通过对现场的考察和事实的把握来探寻客观事物的真相、性质和发展规律，是实践求真务实精神的重要方法。高校学生应用调查研究的学习方法，意味着其要广泛获取学习内容的各项信息，倾听不同意见，避免做出片面性结论；必要时，可以通过实地走访、亲身感受，一切从实际出发，既关注"间接经验"和"书本知识"，又强调"直接经验"和"亲知亲见"；更要有提出质疑、独树一帜的理论勇气，敢于依据充分的现实证据挑战权威，提出有建设性的新思想、新看法。

3. 参与学以致用的社会实践

马克思认为，生产劳动和教育的结合，是改造现代社会的强有力手段。参加理论与实践融为一体的社会实践，是贯彻党的"教育与生产劳动相结合"教育方针的重要内容，体现了理论联系实际、实事求是的高校学生思想政治教育的根本原则。社会实践具有积极的思想政治教育意义，高校学生通过参与社会实践活动走入社会，积极认识社会，建构必要的社会经验，认识国情，树立报效祖国、建设社会主义国家的学习理想。参与社会实践活动，有利于高校学生全面认识自己与他人、社会的关系，实现个人视角向社会视角的转换，有利于高校学生合作精神和集体主义意识的培养。通过社会实践，高校学生深入社会，了解国情，了解当今中国发展的辉煌成就和沉疴弊病，增强历史责任感，构建爱国主义精神；全面了解社会现实，培养受挫能力和免疫能力，了解社会主义发展的艰难、中国梦复兴的艰辛，追寻和确立科学的世界观和人生观，树立崇高远大的人生理想。[①]

4. 坚持实事求是的优良传统

实事求是精神的培养，不仅依赖学习氛围的营造，还需要持之以恒地对求是学风传统的传承。诺贝尔奖获得者李政道在浙江大学 100 周年校庆时，曾深情感谢其"求是"精神："一年'求是'校训的熏陶，发端了几十年来我细推物理之乐。"求实优良传统的历史延续，助推了一代代高校学生确立实事求是的学习风格与学习原则。

（二）科学态度教育

科学态度指人们凝聚在科学研究活动中的思想观念和精神状态。按照传统的观点，人们往往将科学态度限定于自然科学研究领域，认为科学态度

---

① 包翠秋.大学生社会实践对高校思想政治教育的积极意义 [J]. 教书育人（高教论坛），2016（11）：44-45.

主要是培养人们的自然科学素养和自然科学研究态度，注重探求事物内部联系和规律，以实证方式为特色，讲求精准定量。但笔者认为，科学态度贯穿自然科学研究和社会科学研究，是体现于一切科学研究中的基本思想观念和精神状态。思想政治教育者要培养高校学生的科学态度，可从科学知识的教育、科学方法的教育以及科学精神的教育三方面着手。

1. 科学知识的教育

科学知识的教育与积累可以帮助高校学生解释各种自然现象，解答社会现象，处理身心发展的矛盾。各种自然现象、天文现象、社会现象等自然知识、社会知识基本常识的确立，可以帮助高校学生建立科学的自然观、宇宙观，确立认识世界的知识结构和基本的思维体系，树立唯物主义的世界观、人生观和价值观。开展科学知识教育是高校科学态度教育的基础和前提。开展科学知识教育需要注意以下两个方面：一是记忆与理解的结合。记忆是学习的一种基本形式，没有记忆就谈不上学习，因而高校学生必须先了解和记忆基本科学知识，然后才能理解和运用。而过分依赖网络存储，会导致高校学生自身基础知识的匮乏和思维能力的退化。二是讲授与操作的结合。科学知识包含基础理论和思维体系，思想政治教育者应采用理论与实际相结合的方式进行教学。同时，科学知识中还包含丰富的自然知识和实验知识，需要教育者创设实践环节，引导高校学生运用观察法、比较法、实验法等方式，通过亲自操作来加深认识。

2. 科学方法的教育

科学方法代表着人们看待事物的思维方式和研究客观世界的根本原则，是科学研究的桥或船，是对科学知识的合理运用，有助于高校学生达到科研目的。进行科学方法教育，是培养高校学生科学态度的必要途径。培养高校学生的科学方法，要重点培养高校学生善思考、敢质疑、能创新的思维品质。科学方法培养的根本在于打开开放性心智，教育者应引导高校学生多思考，从不同角度看待同一问题，在合理的范围内提出质疑和自己的问题，不断产生新的认识结果。

3. 科学精神的教育

科学知识是科学态度教育的基础，科学方法是科学态度产生的载体和途径，科学精神则是科学态度的内核，是科学态度所蕴含的精神意蕴、文化精髓和伦理价值。默顿在《科学的规范结构》中规定了现代科学精神的四条规范：一是普遍性，所有科学家的个人特征都不纳入研究成果的评价；二是共有性，科研成果应该公开，并被社会全体成员享用；三是无私利性，科学家以"追求真理"为目的开展研究，不可将科研视作功利性对象；四是有条理的怀疑论，提倡建立于经验与逻辑基础上的合理怀疑。我国科学家竺可桢在《科学之方法与精神》中将科学精神的具体内容归纳为三个方面：一是不盲从，不附和，依理智为归。如遇横逆之境，则不屈不挠，不畏强御，只问是非，不计利害。二是虚怀若谷，不武断，不蛮横。三是专心一致，实事求是，不作无病之呻吟，严谨整饬，毫不苟且。[①] 由此可知，科学精神的认识视角实际上分为"科学家精神"和"科学学科精神"两个视角。"科学家精神"指科学家群体具有的共有精神品质，与科学家个体的意志品质和价值观念关系很大；"科学学科精神"指不同学科门类的研究中共有的思想精髓和价值观念，与科学研究本身的特性密切相关。总体而言，"科学家精神"包括敬业奉献、团结协作、不求私利、探索创新的精神，"科学学科精神"包括追求真理、讲求实证、注重实效、推崇理性的科学特性。高校学生科学理念的培养必须包括"科学家精神"和"科学学科精神"两个层面。思想政治教育者不仅要培养高校学生敬业奉献、团结协作、不求私利、探索创新的品德和思维方式，还要培养高校学生追求真理、讲求实证、注重实效、推崇理性的思维方式和研究态度，使其用严谨求实的学风对待各门学科的学习与研究。

（三）严谨风格教育

严谨风格是人们学业、工作和生活上的一种严肃谨慎、细致周全、追求完美的工作风格和行为倾向。在各行各业的学习和工作中，严谨风格都是必不可少的精神特质。具体来说，主要包括以下三个方面。

1. 严守教育纪律

严格缜密的教育纪律不仅可以夯实高校学生的专业功底和技能，还能熏陶和塑造高校学生的严谨学风。出勤与课堂纪律的遵守，可以锻炼高校学生的纪律意识、自律意识和集体意识。作业的按时完成、考试的严格判分，可以培养高校学生的时间观念、勤奋作风和质量意识。对教育纪律的严守，不

---

① 蔡铁权. 科学教育中科学精神的地位及养成 [J]. 全球教育展望，2016，45（4）：79-93.

仅是教育者单方面对高校学生的严格要求，也源自教育者自身的以身作则与行为示范。

2. 夯实专业功底

专业功底是学好任何科目的基础。高校是学生进行专业化学习的阶段，各门课程的开展都以夯实专业功底、拓宽眼界思维为目的。高校学生要想在学习中有所进步、学有所成，学好各门课程、夯实专业功底是必然选择。同时，只有拥有扎实的专业功底，才能造就高校学生严谨细致、整体全面的专业思维与学科思维。

3. 恪守学术规范

学术规范是学术活动创新和提升的必要保障，学术活动的交流需要公认的、权威的学术规范予以约束。学术规范也是学术公平的表征，代表着学者学术权利与学术义务的统一，体现着学术研究者的公正平等。它既约束着研究者的学术行为，也保障着研究者的学术成果和知识产权，使其免受学术抄袭、剽窃等不端行为的侵害。学术规范还体现为对学术环境与氛围的优化，保证了科学研究的健康、有序发展。只有通过学术规范，减少和杜绝学术越轨、学术腐败等不端行为，才能在学术领域坚持诚信原则和实事求是精神，净化学术环境与氛围，最终创造学术自由、学术民主和学术创新的良好学术生态。高校学生是学术活动的入门者，尤其需要掌握学术内容的规范、学术价值的规范和学术技术操作的规范，做学术规范的遵守者和传承者。

四、创新之风教育

首先，创新具有主动性，能提升高校学生学习的主体性。创新以主体的创新意识、创新精神和创新能力的内在激发与培养为目的，是主体内在思维活动与外在行为实践的积极融合和重新组合，指向对现有事物的突破与超越，体现高度的主体性，从而激发高校学生的求知热情和钻研精神，实现高校学生的自主学习和探索。其次，创新具有专业性，能推动高校学生巩固专业功底。任何创新活动都建立在现有研究成果基础上，需要高校学生具备良好的专业基础和实践能力。由此，具有创新意识和创新精神的高校学生，必须通过优良学风进行深厚的知识积累和丰富的实践经历，才能真正实现创新。最后，创新具有精神性，能发展高校学生学习的非智力因素。高校开展创新学风教育，要重点做好开拓意识和创造精神方面的教育。

（一）开拓意识教育

开拓意识是人们面对问题时，主动进行开辟、拓展、变革、创新的思维活动，以及主动捕捉、谋划和解决问题的行为能力，是主体创新意识的构成部分。开拓意识是成功者的必备潜质，也是事业有成者的共有心理品质。对于高校学生学习而言，开拓意识必不可少。

1. 学业规划教育

面对学习规划的超前性，思想政治教育者需要及时开展高校学生的学业规划教育，有准备、有机会、有步骤地引导高校学生完成学业任务。学业规划是高校学生在对自身特点校园环境和社会需要进行认真分析的基础上，制定高校时期的阶段性目标，从而确定学业路线和学业发展计划，并通过科学途径实现目标的过程。高校学生学业规划可以帮助高校学生提升学习成绩，顺利完成高校学业，奠定职业与事业发展的坚实基础，是加强学生管理的有效路径，是思想政治教育工具价值的发挥。高校学生学业规划教育有利于提升高校学生学习和发展的主体性，帮助高校学生确立学业目标、提升学习的责任意识，是应对高等教育大众化和信息化要求对高校学生培养模式进行变革的必要途径。[①]

2. 专业思想教育

高校学生开拓型学风，必然建立在浓厚学习兴趣和高昂学习热情的基础上，因而必须通过专业思想教育，帮助高校学生认识本专业的特点和职业发展方向，提升专业的热爱度、认同感和归属感，使其安心学习本专业，乐于毕业后从事本专业相关工作。专业思想教育从高校学生最关心的职业前途入手，通过入学教育、专业教育、就业指导等，引导高校学生了解专业课程体系、掌握专业技能、培养专业素质、确立职业理想，将学风教育与高校学生个体发展直接关联起来，引领高校学生职业观、人生观、价值观的塑造。专业思想教育扩大了思想政治教育的工作队伍，将专业教师纳入高校学生学风建设的教育者阵地，通过专业教师的专业知识传授和专业感情渲染，教育、影响和感染学生，使高校学生能以学习本专业为荣耀、振兴本专业为责任。

---

① 郭欣，娄淑华.论大学生学业规划教育的思想政治教育功能研究 [J].思想政治教育研究，2016，32（4）：122-125.

3. 学业典范教育

开拓型学习是对未知领域的探究，每个学有所成的学者都帮助人类从未知世界踏向已知世界多走了一步，他们的成就都是开拓进取的典范，值得各个专业的学生予以敬仰和学习。例如，陈景润证实了哥德巴赫猜想，成为国际数学家的丰碑式人物。在中国原子弹研制过程中，大批著名专家如邓稼先、钱三强、钱学森、于敏、朱光亚等，隐姓埋名，将毕生心血投入中国核弹事业，为中国摆脱他国核威胁做出了不可磨灭的贡献。科学家们进入科学探索的高层次境界时，往往步入痴迷与忘我之境：阿基米德在洗澡时还在思考浮力理论；爱因斯坦沉思时经常不记得家在何处；牛顿因做实验忘记吃饭……甚至科学家在探索人类未知世界时，面对死亡威胁也不改初衷：阿基米德面对手持武器的士兵还痴迷于做完手头的几何题；苏格拉底为维护法的正义饮鸩而亡；布鲁诺为坚持哥白尼的日心说被活活烧死在罗马鲜花广场；诺贝尔为研制炸药多次与死神擦肩……这些学者们对专业研究的痴迷、对未知世界的开拓探索、对人类文明的贡献，是当代高校学生开拓学风教育的光辉榜样。

（二）创造精神教育

创造精神是一种彻底性、根本性的创新，是创新的典型表现形式。在高校学生学风教育中，开展创造精神，需要重点关注以下教育内容。

1. 首创精神教育

在教学中，教育者要鼓励高校学生敢于突破常规，敢于挑战学科领域内重大的、高难度的问题，从而培养他们的创造精神。首创精神对于高校学生学风的驱动作用和刺激力度尤为重要。教育者要经常向高校学生介绍学科前沿和理论难点，促使高校学生接触和了解学科领域的难题，激发他们攻克难关的兴趣和斗志。教育者也要提醒高校学生充分预估攀登学术高峰的重重困难。迄今为止，人类研究尚未成功的领域，要么是违反客观规律、不具备研究价值的伪科学，如"永动机"的研制，要么就是研究难度太大、利用现有条件难以攻克的科学碉堡，如"黑洞"的研究。要想攻克学术处女地，取得首创性成果，就应先具有坚实的学术积累和百折不挠的意志品质。教育者尤其要重点关注那些有学术潜质和学术热情的优秀学生，为其提供理论基础、参考书籍、学业深造方面的条件，助力其发挥首创精神，取得优秀成果。

2. 创造思维教育

要想有创造精神的萌发，就要先有创造思维的培养。创造思维也称创造性思维，通常表现为打破惯常解决问题的模式，重新组合既有信息、探索规律，得出新成果的思维过程。在创造思维活动过程中发生的质变意味着原有问题包含的关系结构的突破与新成果的产生。这种信息的相互交融出现的龙门一跃或豁然开通，正是创造思维直接的本质特征。思想政治教育者要关注和强调思维模式的重要作用，有意识地培养高校学生的扩散思维、聚合思维、立体思维、自觉思维等，采用"提问式"教学，启发学生发现问题、提出问题并解决问题。思想政治教育者需要多采用讨论、辩论、小组发言等方式，提高学生的教学参与度，营造具有创造意识的教育氛围。教育者还需要扩大信息输入的容量，引进大量课外知识，加大思维的"营养补给"，为思维在传承中的创新准备条件。

3. 动手能力培养

创造精神具有强烈的实践指向，体现在理论与实践、思想与行动紧密结合的社会实践活动中。培养高校学生学习的创造精神，必然要注重动手能力的培养。高校学生只有具有较强的动手能力，充分运用所学的专业知识和先进技能，把创造思维的结晶转化为现实的创造性成果，有效解决实践中的现实问题，才能达成创造精神的最终要求。动手能力是高校学生操作水平的反映，体现了思维与实践的结合。教育者需要先运用好实验教学、实践教学等操作性教学环节，让学生在课堂教学中学会熟练操作，加深其对理论知识的理解与运用，同时还要鼓励学生参加课外活动、社会实践活动、科技竞赛活动，以强化其动手能力。

第三节　高校学风建设的理论基础、理念及重大意义

作为高等教育必不可少的组成部分，学风建设为高校素质教育提供了根本保证。一方面，高校学风建设保证了高校学生的思想观念和道德水准；另一方面，良好的学风建设保障了高素质人才的输出。创造一个良好的学风氛围，既有利于学生个人的发展，又有利于加强高校思想政治教育工作，并提高整个社会的素质，可谓一举多得。

一、高校学风建设的理论基础

（一）德育理论

从历史演进的角度来看，德育理论主要包括以下四种形态：德育思想、德育论、德育学和德育原理。德育思想是对德育的价值性哲学思考，反映了人们对德育问题的主观判断和选择；德育论是在教育学产生以后，与课程论、教学论等理论并列的，具有一定的专门性、系统性的，关于德育思想的理论化形态；德育学是从众多的教育学科领域中分化出来的，具有相对独立的教育理论形态，是一种"复数"形式的"德育科学"；德育原理则是在研究一般理论问题和学校德育领域过程中，对诸多德育科学研究整合而形成的一般理论形态，具有基础性、理论性、综合性等特征。高校学风建设是高校管理者按照一定的要求，有计划、有目标、有组织地对学生施加系统的积极影响，在学生主动体验、认识与践行的基础上，营造良好的学习环境，帮助学生形成良好的学习态度、习惯、方法的教育活动。高校学风建设属于学校德育管理范畴，因而德育理论是高校学风建设的重要理论基础之一。

（二）教育管理理论

教育管理理论将教育与管理二者相结合，研究如何按照教育的客观规律来管理教育活动。高校管理者通过整合、组织、协调教师队伍，充分发挥人力、财力、物力对教育的基础作用，力求最大限度地合理配置教育资源，最终实现教育管理目标。育人是教育管理的目标，提高教育质量是教育管理的任务，调动教育工作者的创造性与积极性则是教育管理的关键所在。学风建设与学风评价属于教育管理范畴。学风建设是高校内部进行自我管理的重要环节，目的是更好地完成办学目标，实现高校职能；学风评价则是对学风问题的综合、系统的研究，对学风建设具有"四两拨千斤"的引导作用，高校有必要通过学风评价体系的构建来有针对性地指导学校的实际工作。

（三）教育测量理论

19世纪初，美国学者桑代克在《精神与社会测量学导论》一书中最早提出教育是可测量的，并介绍了教育测量的基本原理。随后，法国人比奈与西蒙共同制定了比奈－西蒙量表，该量表适用于测量智力。其他学者也编制了许多可以应用于学校教育调查和大规模教育测验的测验，促进了教育测量理论的发展。教育测量是从数量上对学生的学习能力、学业成绩、道德素质及其他有关教育的问题进行测定。具体地说，就是将教育现象从定性分析变为定量分析，用数据对问题进行解释。教育测量理论是教育研究的重要方法，也是教学管理的重要手段，可以作为工具用来改进教学质量。

（四）教育评价理论

教育评价理论是从教育测量理论衍生出来的，最早是在 20 世纪 80 年代美国学者库巴出版的《第四代评价》一书中被提出的。该书将教育评价理论的发展分为四个时代：测量时代、描述时代、判断时代和建构时代。目前，教育评价理论处于建构时代，建构时代的教育评价意味着需要评价者与被评价对象共同参与，在沟通中建构评价指标，以此来减少分歧，使大家广泛接受和认可评价。

教育评价是根据一定的教育价值观或教育目标，运用可行的科学手段，通过系统地收集信息及分析整理，对教育活动、教育过程和教育结果进行的一种价值判断过程，其目的是为提高教育质量和制定教育决策提供依据。教育评价根据可否量化划分为量化评价和质性评价。量化评价是一种可测量的评价，主要运用统计学、数学的相关知识，对学风及学风建设进行数字化、量化处理，用数字进行客观评价的方法，这种方法更加科学；质性评价主要是在描述的基础上进行评判，通常表现为书面的鉴定或评语。

二、高校学风建设的理念

（一）高校学风建设是立德树人的工作

高校学风建设是高校的重点工作之一，需要以学生为本，坚持立德树人的整体工作理念。立德树人是学风建设的重要工作理念，可分解为"立德、立业、立人"。首先，立德学风既是学生学习的风气，也是在学校耳濡目染所习得的思想道德风气。严抓学风，要从思想道德教育抓起，必须引导学生树立正确的理想道德信念和正确的人生理想观。其次，立业学风的最直接的含义则是学习的风气，强调学生在学业上的努力与获得的成绩。只有具有丰富的知识、扎实的功底和较高的技术水平，学生才能获取学业和事业的成功。最后，立人学风建设从整体的角度来看，是使高校学生全面发展成人的重要帮助。学风建设是一项综合性的工作，在高校学生成长过程中扮演着重要的角色，是帮助高校学生脱离家庭，走向社会、服务社会，最终成长成才的必要举措。因此，高校学风建设须坚持立德树人的工作理念。

（二）高校学风建设是一项全员育人的工作

全员育人充分体现了高校学风建设的整体性。学风建设既是学校层面的设计工作，又是学院层面的具体执行工作。从高校领导的总体规划层面来看，学风建设与校风建设密切相关，学风建设是各个职能部处和科研院所在培养学生层面经过通力合作所形成的综合学风与校风；从学院的层面来看，学风建设需要学生、工作人员和专业教师的共同努力，既要保证工作的实施与学校领导的总体规划相一致，又要充分结合学院的特色。学生、工作人员从改善学习动机、学习心理、学习风气、学习环境的角度入手，促进优良学风的形成。专业教师则从学习内容的角度入手，为优良学风奠定实践与物质基础。全员育人充分体现了学风建设的全面性。学风不仅仅局限于学业发展的范畴，而是涵盖高校学生在高校的学业、工作、生活发展的全过程，以及在接受高等教育阶段成长的全过程。全员育人体现了"全员""全过程"的特点，即调动在校教职员工及社会、家庭的所有相关力量同时开展学风建设工作。

（三）高校学风建设是一项发展性的建设工作

发展具有阶段性。从学生自身来看，其求学路程具有长期性和阶段性。从高中进入高校，是发展过程中的一个重要飞跃。而进入了高校，年级的划分既是学业角度的划分，又是心理角度的划分。年级的跨度代表了高校学生成长与发展的不同阶段，相应地也会对高校学生提出不同的发展需求。因此，从马克思关于人的全面发展理论出发，着眼于高校学生的发展需求，根据高校学生心理成长与发展的不同阶段，高校应提供不同方式和具有不同针对性的教育。基于实事求是的原则，学风建设是一项发展性的建设工作，同时明确各阶段的发展目标、发展模式等问题，也使高校学风建设更加有效。与传统的学风建设不同，发展性的学风建设主要是实现学风建设从重管理、重矫治的建设模式向重发展、重预防的建设模式转变。

（四）高校学风建设是以制度建设和体系设计为重点的工作

高校学风建设不是简单的措施集合，而是长期的制度建设和完整的体系设计。目前，学风建设在管理上实行条块分割，许多高校的学风建设一般由管理部门孤军奋战、零打碎敲，没有形成整体效应和持久效应。学风建应将制度建设和体系设计置于核心地位，从而保证学风建设工作的长期性和稳定性。学风建设不能停留在理论层面，只有上升到制度层面，才能达到应有的效果。学风建设是由一系列相互联系的、对优良学风发展具有推进作用的工作有机组合而成，即学风建设的开放式体系。这个体系中有几项稳定的理论指标和实践指标，而且随着社会变迁、现实需求以及高等教育理念的变化，这些指标会不断增补、删节、修订。完整的指标体系有利于对学风建设进行评估、检测以及推广、实施。

高校学风建设的目标不仅是使学生形成优良学风，其更倾向于形成一种或多种文化和精神。学风建设的最直接目标是形成优良学习精神风貌，端正学习态度，坚持学术规范，培养优秀的学术型和应用型人才。高校是实施高等教育的场所，也是教育领域中与社会联系最为密切的机构之一。在教书育人这种单纯的工作领域，高校也能依靠学风建设形成独特的高校文化与精神。只有秉承独特的文化与精神，高校才能在不断变化的社会中长期稳定地存续与发展。

三、高校学风建设的重大意义

（一）有利于加强思想政治教育工作的根本要求

高校学风建设是思想政治教育工作的强有力保障。随着经济全球化与科技的飞速发展，在上层建筑层面，大到国家意识形态、社会发展战略，小到个人的价值取向、道德标准，都产生了巨大的分化与变异。随着物质生活水平的逐渐提高，当代高校学生的思想观念、精神追求、行为习惯都与父辈有很大的不同。同时，一些社会的不良风气也会给高校学生带来一定的负面影响。建设良好学风的最终目标是培养有理想、有信仰、有素质、有技能的高校人才。要让学生从根本上认识到他们肩负新时代发展的重任，就必须充分结合思想政治教育的理论与方法，使高校学生自觉理解中国梦和中国青年担当背后的深刻含义，知行合一地营造良好的学习氛围，脚踏实地，履行时代赋予的责任。

（二）有利于实现人的全面发展的内在需要

高校学风建设是实现高校学生全面发展的需要。良好的学风建设是衡量个人发展的标尺，也是实现个人价值的重要手段。优良学风可以帮助学生积极解决遇到的困难；不良学风的负面影响会给高等教育带来巨大挑战，如高校的管理制度是否科学合理、教学质量是否提升、思想政治教育工作的落实是否到位等问题，使高校学生的健康成长成才受到制约。高校学风建设应该坚持"以学生为中心"，充分尊重学生学习的主动性，以引导、教育、督促为主要手段，让学生认识到学习的重要性，养成良好的学习习惯，培养浓厚的学习兴趣，实现当代青年学生的德、智、体、美、劳全面发展，成为有信念、有纪律、有品行、有作为的时代青年。当然，良好的学风需要代代传承，需要引进和借鉴优秀学风建设的工作经验，借助新媒体平台，不断创新和发展高校学生学风建设的实现路径，进一步提高高校学生的综合素质，从而实现他们的全面发展。

（三）有利于加强高校学生诚信教育

真正的人才，不仅需要具备较高的学术造诣，还需要具有正确的"三观"以及优良的思想品德，需要做到德、智、体、美、劳全面发展。诚信作为社会主义核心价值观以及社会主义荣辱观的重要组成部分，是发展社会主义市场经济以及建设小康社会的重要行为规范，是社会主义建设者和接班人最基本的素质要求，也是高校学生处理与他人以及与社会关系的基础道德规范。同时，诚信在高校良好学风的形成过程中也发挥着重要的作用，因而高校加强学风建设的过程在一定程度上也是加强诚信教育的过程。

一方面，有利于增强高校学生的诚信意识，培养其讲诚信的良好品质。诚信是社会主义核心价值观个人层面中的一项价值准则，是中华民族历来崇尚的优秀美德，也是我国传统道德范畴中最为关键的标准之一。高校思想政治教育是对高校学生进行社会主义核心价值观教育的重要途径，重在丰富高校学生内心的精神世界以及塑造其健全的人格，帮助其形成正确的政治观点、养成崇高的道德品质、形成健康的心理素质。高校学风建设作为社会主义核心价值观教育的重要载体，以社会主义核心价值观为思想指南和基本遵循。学风建设可以促进社会主义核心价值观的通俗化、日常化，使其更易被高校学生所接受和践行。因此，从思想政治教育的视域加强学风建设是高校加强诚信教育的理想路径选择，有利于高校学生在学习生活中牢固树立诚信意识。

另一方面，有利于加强对高校学生学习行为的诚信引导，促使其恪守学术道德。高校思想政治教育以及学风建设不仅是提高高校学生自律意识的基础，还是规范其学术行为、提升其学术水平的保证。首先，学术道德的形成需要高校学生拥有内在自律机制和良好的学习行为习惯。学风建设的重点在于通过引领高校学生的学习观念去端正其学习行为。它不仅具有教育引导作用，可以强化高校学生的内在自律机制，使其树立良好的学习价值观；还具有规范约束作用，可以在无形中对高校学生的学习行为产生约束作用，使其真正做到内化于心、外化于行。其次，学术道德的形成离不开学术界的道德舆论和良好的学术环境。高校学生群体正值青年，其自我意识呈现出波动式发展趋势，自我体验呈现出丰富且庞杂的特征，学习心理呈现出由适应到成熟的发展特点。并且，高校学生的思想多元、情感丰富，所以他们特别容易被外在环境所影响，而高校思想政治教育有利于净化和提升高校学生的思想观念，有利于约束高校学生的行为方式。同时，如果高校学生长期处于优良的学风环境中，其品质和行为就能够在潜移默化中朝着健康的方向发展。

因此，从思想政治教育的视域加强学风建设，不仅有利于加强对高校学生的教育和引导，还有利于为其学习和成长提供良好的氛围，从而使其形成讲诚信的行为习惯，恪守学术道德。

（四）有利于推动高校长远发展

高校肩负着培养时代新人的光荣使命，是为提升国家实力、增强国际竞争力输送人才的重要阵地。学风作为高校整体精神风貌的集中彰显和重要体现，在一定程度上决定着高校的发展速度和发展质量。良好的学风是维护和提升高校形象、增强高校综合竞争力的重要保障，是高校在对标"双一流"建设、实现自身发展过程中必须予以重视和加强的关键部分。因此，加强高校学风建设有利于促进高校良好学风的形成，从而为高校各个方面的建设提供保障，为高校的长远发展奠定基础。

首先，有利于提升高校教育教学质量，实现高校的科学发展。一方面，高校教师肩负着立德树人的重要使命，是高等教育事业发展的关键。教师的整体素质是高等教育质量和水平的重要决定因素。高校学风建设和教风建设互相制约、互促共进。高校加强学风建设不仅有利于提升教师的业务素质及思想道德素质，还有利于缩短师生距离，促进教学相长，推进教学改革。另一方面，从教育教学管理角度来看，高校加强学风建设可以为教育教学活动的开展营造良好的氛围，从而促进各个部门自主管理的有序化、高效化。因此，加强学风建设是提高教育教学质量的重要保障，有利于实现高校的科学发展。

其次，有利于提升高校的科学研究水平，实现高校的可持续发展。一方面，高校的科研质量和科研水平离不开师生群体良好的学术素养以及风清气正的学术环境。高校加强对高校师生的科研诚信教育，有利于帮助师生群体形成严谨、严格、求实、求是的良好品质，也有利于遏制抄袭剽窃、伪造篡改等学术不端行为，从而为高校科研活动的开展提供良好的环境保障。另一方面，高校的科研学术发展依赖多样化的学术交流活动。高校学术交流活动是高校教育科研工作中的重要环节，它的开展不仅是巩固和提高教育教学科研水平的有力措施，更是提升高校综合竞争力的必要手段。良好的学风有利于提升师生的综合素养，从而为高校学术活动的开展带来旺盛的生命力。因此，加强高校学风建设是提升高校科研水平、实现高校可持续发展的重要保障。

最后，有利于加强高校校园文化建设，实现高校的健康有序发展。高校校园文化不仅是高校办学水平以及整体实力的重要体现，还是高校长远发展的动力源泉。学风建设并不是孤立存在的，而是会渗透到校园文化建设的方方面面。加强学风建设可以大力推动高校校园文化建设，从而营造良好的校园文化。一方面，优良学风建设的过程不仅是改善高校学风的过程，也是改善教风、管风以及行政之风的过程，有利于凝聚各方面的合力，促使良好校园文化的形成。同时，高校学风建设为和谐校园文化的构建奠定了物质基础、提供了制度保障，有利于推动校园文化的健康有序发展。另一方面，思想政治教育的加强不仅有利于为校园文化建设指引方向，还有利于丰富高校校园文化寓教于乐的活动平台，从而充分发挥校园文化的育人作用及约束规范作用，为高校的有序发展提供健康的学术环境。

（五）有利于确保社会主义办学方向

国之大计，教育为本。高校教育事关我国高素质人才的培养，对于我国社会的发展、民族的振兴都具有决定性的意义。我国高校是中国共产党领导下的社会主义性质的高校，这就决定了我国高校须坚持社会主义的办学方向，必须承担"四个服务"的重要使命。高校从思想政治教育的视域加强学风建设正是坚持中国特色社会主义教育事业的重要体现，更是坚持社会主义办学方向的内在要求。

马克思主义是我国高校最鲜亮的底色，高校只有保持这一底色，才能确保自身的中国特色社会主义本色。思想政治教育是以马克思主义为指导思想的教育活动，对于高校学生的思想意识、政治素养及道德品质培养起着至关重要的导向作用，是高校立德树人的关键所在，也是高校保持这一底色的重要保障。高校学风建设作为高校的基础建设，是提升教育教学水平、改善教学管理工作、促进教育教学改革、实现人才培养目标的重要前提和基本保证。高校学风建设事关高校学生的成长和全面发展，事关高校的运行和可持续发展，事关社会的建设和创新发展，在国家的教育事业中具有举足轻重的地位。因此，从理论意义上来讲，高校从思想政治教育的视域加强学风建设是我国中国特色社会主义教育事业发展的内在要求。

随着我国经济实力的显著增强以及社会的飞速发展，高等教育也越来越大众化。国家加大了对高等教育的投入，在很大程度上促进了高校硬件和软件的改善，促进了其办学条件和教育水平的提升，使高等教育事业的发展有了质的飞跃。然而，在高等教育事业快速发展的同时，一些问题也接踵而至。因此，将思想政治教育贯穿于高校学风建设过程中，不仅有利于结合时代特征和高校学生自身特征去加强高校学风建设，而且有利于全面贯彻落实党的教育方针，从而促进社会主义建设者和接班人的培养，推动一流高校和一流学科的建设，加快教育强国的建设。从实践意义上来讲，高校加强学风建设是推进教育现代化、建设教育强国的战略要求。

第四节　高校学风建设的发展与定位

高校学风建设是一个从无到有、从有到精的不断进步变化的过程。明确学风建设的定位是指明学风建设发展方向的关键，具有理论和现实意义。进入 21 世纪后，高校学风建设受到国家、社会和各部门单位的高度关注，其发展迅速，在促进个人和学校全面发展的过程中起到了举足轻重的作用。

一、高校学风建设的发展

学风建设要适应高等教育发展的要求，满足学生全面发展的需要，不仅要在目标上强调积极性和预防性，在内容和过程上注重持续发展性，还要注重高校制度设计与校园文化环境对优良学风创建的影响。

（一）国家高度重视高校学风建设

近年来，多位中央领导同志分别做出了批示，要求加强学风建设、打击抄袭作假行为。学风问题已经成为亟须解决的热点问题。2010 年，刘延东在"科研诚信与学风建设座谈会"上指出："随着经济和社会环境的变化，在科研诚信和学术风气上出现了一些不容忽视的问题，学风浮躁、学术不端行为滋长，正在侵蚀学术的肌体，对科技事业健康发展产生的消极影响不可低估，已经成为社会的热点问题，解决这个问题迫在眉睫、刻不容缓。"同时，她还指出，要加强教育引导，促进学术自律。

教育部十分重视学风建设，于2002年印发了《关于加强学术道德建设的若干意见》，强调"端正学术风气，加强学术道德建设成为当前我国高等学校一项刻不容缓的重要任务"；2004年，教育部社会科学委员会讨论通过《高等学校哲学社会科学研究学术规范（试行）》，旨在"规范高等学校（以下简称高校）哲学社会科学研究工作，加强学风建设和职业道德修养，保障学术自由，促进学术交流、学术积累与学术创新，进一步发展和繁荣高校哲学社会科学研究事业"；2006年，教育部印发了《关于树立社会主义荣辱观进一步加强学术道德建设的意见》，指出"充分认识加强学术道德建设的重要性和紧迫性""加强自律，维护学者和学术尊严""建章立制，为加强学术道德建设提供制度保障""加强领导，把学术道德建设落到实处"；2009年，教育部下发了《关于严肃处理高等学校学术不端行为的通知》，旨在进一步加强高校学风建设，惩治学术不端行为，并指出"发生在少数人身上的学术不端行为，败坏了学术风气，损害了学校和教师队伍形象，必须采取切实措施加以解决，绝不姑息"；2011年，教育部出台了《关于切实加强和改进高等学校学风建设的实施意见》，明确了高校是学风建设的主体低位，要求高校根据相关文件，建立相应的学术规范全员教育制度，结合学校实际积极开展科研诚信宣传教育，加强对教学科研人员自觉学习恪守科学伦理道德的要求；2012年，教育部发布了《关于进一步加强高等学校基础研究工作的指导意见》，将"培育创新文化，加强科研诚信和学风建设"作为意见之一，倡导"加强科研诚信教育，强化监督管理，建立学术诚信档案和学术不端行为问责制，加大惩治学术不端行为的力度"；2014年，中共教育部党组、共青团中央联合印发了《关于在各级各类学校推动培育和践行社会主义核心价值观长效机制建设的意见》，将"探索建设学生诚信档案，落实师德建设长效机制等"作为培育和践行社会主义核心价值观长效机制的重要举措之一。2022年，教育部、中国科协、科技部、中科院、社科院、工程院、自然科学基金委、国防科工局等八部分联合引发通知，部署了"2022年全国科学道德和学风建设宣传月"的活动安排，号召全方位开展科学道德和学风建设宣讲教育活动，弘扬科学家精神，活养优良学风。

随着学风建设文件政策的深化与落地，学风建设的专门机构也正式成立：2006年，学风建设委员会成立。这是教育部社会科学委员会下设的专门委员会，是全国高校哲学社会科学、学术道德、学术规范、学术风气建设的指导机构和咨询机构。

（二）各地高校严整学风建设

近年来，国内高校学风建设意识不断增强，高校进入学风问题的严整阶段。2012年，中国科学技术协会、教育部、中国科学院、中国社会科学院、中国工程院联合举办的首都高校科学道德和学风建设宣讲教育报告会在人民大会堂举行。袁贵仁在会上指出："为深入学习贯彻党的十八大精神，努力培育和践行社会主义核心价值观，切实把立德树人的根本任务落到实处，进一步提高创新人才培养水平，五部门决定继续对新入学的研究生、新入职的教师和科研人员、新上岗的研究生导师，以及高年级本科生，进行科学精神、科学道德、科学伦理和科学规范的宣讲教育，对于加强学风建设、树立科学道德，培养广大青年学生、教育工作者和科技工作者的社会责任感、创新精神、实践能力，引导他们成为优秀学术道德的践行者和良好学术风气的维护者，具有重要启迪和教育意义。"

在2014年首都高校科学道德和学风建设宣讲教育报告会上，韩启德指出，科研诚信和良好学风是科学事业繁荣发展的前提，是建设创新型国家的基石。我们要根据党中央的指示精神，按照"全覆盖、制度化、重实效"的总体要求，建立健全长效机制，努力形成各部门协调配合、社会各界广泛参与、科技人员自觉行动的良好局面。吴良镛院士（建筑学家、国家最高科技奖获得者）、杨乐院士（数学家）、杨卫院士（固体力学家、国家自然科学基金委员会主任）分享了个人经历及领悟，通过现身说法和肺腑忠告为在座六千学子上了生动一课。

2015年，为弘扬科学精神，加强科学道德和学风建设，抵制学术不端行为，端正学风，维护风清气正的良好学术生态环境，重申和明确科技工作者在发表学术论文过程中的科学道德行为规范，中国科学技术协会、教育部、科技部、国家卫生计生委、中国科学院、中国工程院、国家自然科学基金会七部门联合印发《发表学术论文"五不准"》，明确指出，不准由"第三方"代写论文、不准由"第三方"代投论文、不准由"第三方"对论文内容进行修改、不准提供虚假同行评审人信息、不准违反论文署名规范。

北京工业大学每学期都会启动以"优良学风、诚信考试、从我做起"为主题的学业推进与学风建设月计划活动，要求各院所以班级为单位召开一次"优良学风、诚信考试、从我做起"的主题班会。辅导员班主任与班级学生共话诚信考试，签署诚信考试承诺书；根据广大学生学业辅导需求，邀请学校教学名师集中开展高等数学、线性代数、工程图学、高校物理、高校英语等基础课的团体辅导，为学生进行考前串讲，梳理考试内容，通过一对多的辅导形式进行学业辅导；实施"听课周"计划，各学院由学院副书记和教学副院长带队，组织专兼职辅导员、班主任，配合科任教师做好对学生上课迟到、早退、旷课、课堂纪律等情况的检查。同时，北京工业大学启动"科学精神与学术规范"教育宣传月活动，紧密围绕"弘扬科学精神、恪守学术规范"的主题，以宣传教育为切入点，加强组织形式的多样化和活动内涵的系统化，通过调查访谈、"榜样的力量"主题宣讲、微信互动大赛及名家主题报告等一系列丰富多彩的学术与文化活动的开展，充分发挥新媒体的重要作用，使科学精神与学术道德规范更加深入人心，希望师生们能够在实践中进一步深化科学精神，时刻坚守学术诚信，端正科学态度，修身正己，一如既往地发扬学校优良的学术传统。

南开大学高度重视研究生学术规范和科研诚信教育，不断推出加强学风建设的制度措施，创造了良好的学术科研氛围和人才培养环境。南开大学将学术道德与规范教育作为研究生入学"第一课"，提醒广大研究生树立科学精神、坚守科研诚信；学校开设学风建设专题网站，搭建"研究生学术规范学习测试系统"，引导研究生"学好交规再上路"，举办"主题活动月"强化学风建设效果；同时，南开大学研究生还自发成立了科研道德和学风建设自律促进委员会，发起了《研究生科学道德与学风建设自律公约》。南开大学的多项举措推动了学风建设，努力按照校训"允公允能，日新月异"的要求，从"公"和"能"两个层面为提升学生的学术品格和学术能力搭建了平台。

大连理工大学实施五项举措，积极构建研究生质量保障体系，将"学科科研保障""体制机制保障"作为其中的重要内容，结合实际情况与培养目标全面修订了学籍管理规定、学位管理规定，并建立了科学道德与学风建设的规章制度，形成了能够保障研究生培养质量的长效机制；同时，其高度重视"环境氛围保障"，加大了对学术不端行为的惩处力度，进一步加强了学风建设，减少了学术浮躁之风。

浙江大学出台了《关于加强文科教师队伍建设的若干意见》，提出在若干基础学科试行学术代表作制度；在学校相关学术性评审中，建立健全符合文科特点和发展要求的高端同行评审机制。

虽然各地高校学风建设意识不断加强，学风建设举措日益丰富，但是学风建设环节依然有待完善。曾任中国政法大学校长的黄进说："遵循学术规范的总体状况虽然已经有所改善，学生和学术机构也开始更加重视学术道德建设，自律性逐渐增强了。当然，问题仍然很多，说明学风问题不是一个阶段的任务，而是需要长期监督严管的学术问题。"[①]

（三）高校学风建设机制的发展

1. "前瞻式"的学风建设

高等教育大众化阶段中的学风建设应该是"前瞻式"的学风建设。面对高等教育大众化阶段高校发展中的各种问题，学风建设如果不具有前瞻性，一旦受到高等教育发展阶段变更的影响，就不能有效地预防即将出现的各种问题。即便进行补救，学风建设也不能达到其原有效力。"前瞻式"的学风建设体系应遵循马克思关于人的全面发展理论，既要满足学生的发展需求，又要提高学生的能力，增强学生发展的多元性。这就需要对新时期高等教育下学生的发展途径有较为明确和全面的认知，对学生的全面发展的认知具有时效性。这一时效性不但体现在从横向了解学生发展包含的具体内容，而且应从不同发展时期和社会背景下了解各阶段学生全面发展的具体内容。这样才能有效地实现学风建设的前瞻性，弥补当前学风建设重管理、重矫治的弊病。

"前瞻式"学风建设的进一步发展，则是在高等教育大众化阶段，促进高校形成具有内涵式发展特色的高校文化和高校精神。高校精神与学风建设密切相连，高校学风是高校精神的直接影响因素，学风的变化决定着高校精神的发展轨迹。

学风建设体系的创新应是一种继承与开拓相结合的发展式创新。不同社会发展背景下，时代精神会对学风建设提出新的要求，与之对应的会产生新的学风建设重点。同时，学风建设是时代精神与高校精神的桥梁。在通常情况下，时代精神会通过学风建设内化为高校精神，使高校精神与时代和社会发展同步。学风建设承担着重塑高校精神的任务，由此也对学风建设提出了较高要求。学风建设不仅要对学生的发展具有前瞻性，更要对时代精神的把握具有前瞻性，要时刻紧跟社会发展的步伐，成为高校培育学生健全人格、

---

① 郭亚芳，赵文波，陈素珊．论高校学风建设的途径 [J].黑龙江高教研究，2000（5）：102-103.

提升人性和服务社会的内在推动力量。

学风建设体系的创新应适应信息化社会发展的需要。在当代社会，科学技术突飞猛进，电信网络、远程教学已被广泛应用于高等教育。高校的教育方法、教学形式由传统的集中授课形式变为分散的甚至由学生独自学习的形式。这就要求学生有更加自主的学习精神和更强大的自我控制力。

2. 以学生为本的学风建设

学生是高校的主体，不论是从数量还是从重要程度来看，学生都应处于高校发展的中心地位。"以学生发展为中心"是目前高校发展的重要理念之一。学风建设体系的建立应以学生的需求、发展和实际情况为重点。学风建设虽然是由组织的管理者及相关管理部门进行规划与设计，但规划与设计的理念、方法的本源应来自学生群体。学风建设工作应做到"从学生中来，到学生中去"。学风建设的灵感和思路要体现出"以学生为本"，而学风建设的成果要确实能使学生受益，并促进学校的发展。

高校应以学生的视角设计学风建设体系，应改变以往的"自上而下"的教育改革思路。优良的学风既可通过继承得来，又需要不断地发展和创新。继承历史发展中优良学风的建设经验是学风体系建设的保障，发展和创新是学风建设的动力源泉，而这一源头应来自学生全面发展的需求和适应性。

学风建设的创新应体现出学生的主人翁精神，增进学生对学校的认同感。高校学生是学风建设的主要参与者和受益者，不论学风建设的内容和思路如何变化，学风建设都应起到提升学生对学校的认同感的作用，这样才能保证学风建设的有效落实。要使学风建设中体现学生主人翁精神，就需要学生参与学风建设过程。优化学风的制度设计中应融入学生自我管理、自我提升的要素，增加学生对学校的认同感，增强学生的主人翁意识。

3. 以评促建的学风建设

评估体系是完善学风建设的重要方式。学风建设是高校教育管理、文化建设的重要步骤，其并不是以一个单独的制度进行，而是由改进学风的多种评估体系和促进校园文化发展的相关制度共同组成。对于高校而言，学风建设是一个长期的工作，在较短的时间内不能显示出其实施效果，同时如果不能及时发现问题，学风建设的负面影响也难以在短期内进行弥补。因此，在学风建设过程中，高校要及时进行督导评估，检验学风建设的各项制度、措施的实施情况和效力，并及时做出更改或修订。这就要求我们建立系统、动态、学生参与的评估体系。

（1）学风建设的评估体系是一套系统的评估体系。现有的高校评估通常针对某一独立的项目或事件进行评估，仅以某些单一指标作为评估的能力依据，评估信度和效度较低，而且各种评估容易产生盲目的跟风现象，不能做到实事求是。评估机制的系统性还体现在共性和多元化相结合。学风建设应存在具有共性的指标，它既可以对不同学生、不同学院的学风建设进行评估，又可以对不同学校进行评估。同时，学风建设也应有其特殊性的评价指标，以保证不同特色的学风建设获得较为合理的评价。多元化还体现在联动机制之上，学风建设的评估体系不但需要各部门相互合作，群策群力，而且需要同一区域或同一特色的学校相互合作共同完善学风建设的评估体系。

（2）学风建设的评估体系是一种动态的评估机制。督导评估是对学风建设效果的实时动态把握，需要建立科学的动态评估指标体系，才能不断完善创新学风建设的方式方法，推动学风建设的健康发展。动态评估强调时效性，将会对学风建设进行多次调查和测量予以跟踪调研，并及时更新评估指标。动态评估有利于对学风建设的效果进行有效预测，能更好地把握学风建设的方向。

（3）学风建设的评估体系必须强调学生的参与性。学生是学风建设的主要受益人群，高校开展的各项活动都与学生密切相关。调查学生对学风建设工作的意见和态度，应当成为评估工作的重点。在条件许可的情况下，建立学生评估团队进行学风建设评估更能实事求是地发现并解决各种问题。对学生群体进行科学的调查研究同样能达到相应的效果，而且也可避免各种由于个体态度的影响对评估结果造成的偏差。

二、高校学风建设的定位

（一）学风建设在高校人才培养中的定位

1.学风建设之于创办一流高校的战略意义

优良的学风建设是人才培养目标和质量的重要标志，与人才培养目标的核心部分密切相关。学风是一所高校重要的"品牌"，也是高校的精神风貌、教育成果的具体表现。

学风是学校有序发展的重要推动力，可促使高校内部各级力量实现自觉、自发管理，是高校不断优化上层设计、落实政策文件的强有力的武器。

同时，高校学生既是高校管理的直接对象，又是高校管理的主体，实现高校学生的自主管理，对于加强高校管理、提升人才培养质量等方面具有现实意义。

因此，加强学风建设力度，能够推动高校围绕人才培养目标实现优化发展，对创办一流学校具有非常重要的战略意义。

2. 学风建设之于高校人才全面发展的重要意义

国家、社会、学校给予高校学生殷切的期望，青年尤其是高校学生的全面发展受到国家广泛关注，是高校人才培养目标之一。加强学风建设，能够不断满足高校学生的个人价值、社会价值的成长需求，为他们提供更多的成长平台，最终推动个人价值与社会价值的内在一致。

（二）学风建设在高校校园文化建设中的定位

高校学风建设受到多方面因素影响，存在于学生引导、组织与管理工作的潜移默化、不断累积、不断优化的动态发展过程中。校园文化是学风建设的重要载体，以校园文化建设为抓手，重视校园文化活动对师生的道德认识和情操陶冶的作用，是加强学风建设的有效途径之一。在以促进学风建设为目的的校园文化活动建设过程中，应该考虑以下几方面。

第一，目标明确。以学风建设为中心的校园文化活动要具有明确的目标，要以营造浓厚、良好的学术氛围为目标开展校级、院级活动，在全校范围内实现优良学风的引导。例如，不同高校可以根据本校的办学特色、培养特色，结合学生学业、职业等发展中遇到的实际问题，积极打造学术品牌活动，通过大师论坛、前沿报告、朋辈教育等形式，提升学生群体的学术、科研积极性，为学生的学术科研成长提供更多发展空间。

第二，互动性强。校园活动只有具备显著的互动性，才能广泛吸引全体学生共同参与。因此，高校校园文化活动要充分体现以学生为本的理念，要充分服务于学生的需求，同时结合学生的实际特点，加强新媒体与传统媒体的有机结合，实现活动目的的引领作用，促进学生之间、师生之间、校生之间的交流，最终推动学风建设的"润物细无声"。

第三，内容多元化。以学风建设为目的的校园活动内容只有具备多元化、多层次的特点，才能更好地服务于学生发展。例如，北京工业大学在以学风建设为中心的校园活动中不仅开展了"学业推进与学风建设月"活动，贴合学生学业需求，开设基础课团体辅导，还开展了"立德榜样""我的班级我的家"等校园评比活动，在活动中精心设计在线投票环节，吸引更多的学生参与活动，增强教师团体、朋辈群体等正能量在高校学生中的正面影响力。由此可见，校园活动内容和形式的与时俱进有利于高校学风的正确引导。

（三）高校学风建设在完善个人生涯发展中的定位

高校学风建设主要反映高校学生的学习风貌和高校的治学态度。学生不仅是学风的主要传承者和弘扬者，还是学风的践行者和得益者。加强高校学风建设，有利于培养高校学生的自主学习和自我管理，为其生涯规划及发展奠定良好的基础。

高校学生生涯规划及发展是建设优良学风的重要途径和重要体现。加强高校学风建设，需要将高校学生学业生涯、学术生涯、职业生涯规划列为重要内容，使其能够引导学生实现专业启蒙和深入认知，引导学生围绕专业自觉拓宽知识面；使其能够引导学生根据专业水平进行动态规划和调整学业、学术及职业发展方向，变被动学习为主动学习，实现自主学习、终身学习；使其能够引导学生围绕毕业要求和职业规划方向积极参加就业实践训练，将课堂所学理论知识应用于专业实践训练中，不断提高个人学术理论水平及实践动手能力。

例如，北京工业大学为建设优良学风，每年都会开展"新入学教育"活动。北京工业大学充分结合学科、专业特色，紧密围绕生活适应、专业启蒙，开展校长第一课、新生研讨课等系列活动，让新生在高校第一学年实现角色转变，完成对学业、专业的动态认知，为个人职业生涯发展奠定良好的学业基础，推动优良学风建设从新生做起。同时，北京工业大学为学生搭建了多元化的实践平台，促进学生开阔视野，拓宽知识面，更加深入、全面地认识社会，为职业规划、就业做好准备。从专业实践角度来讲，不同学院根据学生的实践需要，与企业共建专业实践基地，为学有余力的学生提供专业实践平台；从社会实践角度来讲，学校为学生搭建暑期社会实践平台和志愿服务平台，引导学生根据专业水平与兴趣爱好，深入社会基层，了解社会、服务社会、关爱社会。

中国地质大学实施多举措促进优良学风建设，为本科学生学业生涯保驾护航。第一，加强制度建设，严肃校内纪律。制定《本科课程教学基本规范》《本科生学风建设行动计划》，加强课堂纪律约束和日常行为管理，引导学生养成良好学习习惯。第二，强化组织领导，发挥示范作用。通过成立学风建设领导小组、选派优秀青年教师担任班主任和学务指导教师、发挥学生骨干和学生党员引领作用、发挥团学联作用等，强化学生自主管理。第三，查摆学风问题，做好学情研判。成立高校学生学情调研中心，设立学情研究小组，定期发布高校学生学风调研报告，查找不良学风表现形式、内在诱因、解决方案，有针对性地开展学业指导。第四，丰富工作载体，创造浓厚的学习氛围。以班团建设为抓手，以新生入学教育、专业知识教育、日常规范教育和毕业生离校教育为契机，结合学习型班级创建活动，着力培育一批班级学风建设典型，以点带面，促进优良学风形成。开辟网络宣传阵地，依托学校微博、微信等新媒体平台，分享学习资源，发表评论性文章，实现交流互动，教育引导广大学生自觉养成良好的学习习惯。

中国药科大学狠抓学风建设，力促学生向学爱学。中国药科大学以平台搭建为抓手，开展学生教育管理工作专题研讨会、学生工作论坛，围绕优良学风建设、学生素质提升等议题进行了深入的交流和研讨。开展"远志计划""标杆行动"等品牌活动，构建学业帮扶体系，探索线上平台建设，不断创新学风建设思路，丰富了学风建设载体。

复旦大学探索建立了研究生科学道德和学风建设长效化机制，并将其作为研究生培养的生命线。在研究生学术生涯中，复旦大学加强科学道德养成和学风建设的日常融入，不断创新学习形式。复旦大学充分把握研究生入学教育时机，对全体新生进行"入学教育测试"，将科学道德和学风建设作为考核试卷的重要部分，要求每一名学生在科学道德和学风问题上做出郑重承诺。复旦大学还将研究生科学道德和学风建设纳入第一课堂建设，《研究生科学研究发展战略》专业选修课升级为全校研究生公共选修课，形成了科学道德和学风建设课程体系。

接下来，高校教育工作者更应该通过开展一系列活动在学校范围内建设优良学风，引导每一名学生树立自主学习、终身学习的意识，引导每一名学生根据自身专业知识储备进行学业生涯、学术生涯和职业生涯的规划和动态调整，引导每一名学生在自身专业学习与社会实践中了解社会、服务社会，树立清晰的职业生涯发展目标和导向。

第六章　高校学风建设的基本情况及影响因素

第一节 高校学风建设的基本情况

高校学风建设作为高等院校基础性和关键性的建设，得到了国家和高校的高度重视。随着学风建设广泛、深入地开展，高校在学风问题上取得了一定成效，但也面临着一些亟待解决的问题。

一、高校学风建设取得的成效

在高等教育事业快速发展的大背景下，高校学风建设愈加得到了党中央、教育主管部门以及高校自身的高度重视。随着相关工作的陆续开展，高校学风建设的制度更加规范、平台更加多样、成效更加凸显。新时代高校学风建设要有所作为，学风建设工作仍然在路上，高校应坚持不懈，在此基础上继续加强学风建设工作，进一步提升学风建设的效果。

（一）学风建设得到普遍重视

近年来，中央教育主管部门逐渐加强了对于高校学术道德及学习风气的建设，并采取了一系列措施推动此建设的进行。一是加强组织机构建设；二是出台相关规章制度；三是开展相关工作。随着这些工作的陆续开展，高校学风建设的形势有了重大扭转，高校学风状况有了明显的改善。

在党中央和教育部相关会议精神的指引下，全国高校纷纷肩负起"立德树人"的重要使命，加强了对于高校思想政治教育工作的重视，以切实提升党对高校教育教学工作的领导水平原。原清华大学党委书记陈旭表示，清华大学在未来的发展中将坚持正确方向、坚持立德树人、坚持服务国家、坚持改革创新，努力在创建世界一流高校方面走在前列。原中国人民大学党委书记靳诺提出，中国人民大学践行"立学为民、治学报国"的办学宗旨，始终坚定不渝地坚持党的领导，坚持马克思主义指导地位。曾任南开大学党委书记的魏大鹏说，南开大学在办学过程中会全面贯彻党的教育方针，落实立德树人根本任务，弘扬南开优良传统，扎根中国大地办大学。高校对于党的教育的正确认识是切实提升高校各项工作质量的重要前提。高校只有坚持习近平新时代中国特色社会主义思想，充分发挥本校党委的重要作用，勇于担当政治责任，才能切实提升本校的教育教学质量。

在教育部及学校党委的号召下，高校相关部门及师生群体逐渐增强了自身的主体责任意识并共同参与学风建设工作。一方面，高校教师及管理人员的学风建设意识进一步增强，并努力通过日常的教育教学及管理推动学风建设工作的开展。例如，大连理工大学部分教师积极支持并参与本校学风建设，通过设定一系列学风建设举措，营造了"比、学、赶、超、帮"的优良学风氛围，使班级学风建设硕果累累。又如，河北师范大学教务处紧紧围绕"教师、学生和课堂"三个重要环节，采取多种措施狠抓学风建设。通过听课、查课、召开卓越教师表彰大会等方式有效维护了本校教学秩序，使教风及学风较之前发生了较大的改善等。另一方面，高校学生群体也积极响应优良学风建设的号召，并主动参与多种多样的学风建设活动。例如，天津工业大学纺织科学与工程学院在 2018 年 11 月举办了以"高校学风建设教师/学生是关键"为主题的辩论赛，并全程进行了网络直播。这次辩论赛不仅有效活跃了校园气氛，还增强了高校学生对于高校学风建设的了解，使学风建设工作落到了实处。

（二）规章制度得以逐渐完善

学校的规章制度不仅是维持学校工作秩序、提高学校管理效率的重要保障，还是学校各项工作运行的基本遵循。因此，高校学风建设效果的提升同样也离不开制度的刚性支撑作用。随着我国高校教育体制改革的深化以及学风建设理念的提升，高校在学风建设过程中也愈加重视制度建设，并在贯彻落实中央有关政策文件的过程中建立了相关组织机构，健全了相关规章制度。

第一，高校普遍建立健全的学术道德规范管理机构。例如，2007 年 1 月，北京大学学术委员会下设专门的学术道德委员会，负责评估学校学术道德方面的方针、政策和存在的问题；东北大学于 2014 年 10 月设立教师聘任学术评价委员会，负责对本校各级岗位人选进行学术评议并提出学术评议意见；厦门大学于 2014 年 4 月成立学术委员会学风委员会，负责制定相关章程以及指导本校学风建设；中南大学于 2016 年 11 月调整了学风建设组织机构，在学风建设领导小组下设立三个工作小组，负责管理学风建设以及处理学术不端行为；天津工业大学在 2018 年 4 月成立"学风建设专项工作组""辅导员队伍建设专项工作组"和"学生安全法制教育专项工作组"，形成了学风建设合力，促进了本校特色成果的形成。组织机构的规范与完善作为高校学风建设的首要步骤，不仅保证了国家有关法律法规和学风建设相关文件的落实，还保证了整个组织管理的流畅，确保每一个部门工作职责清晰、正常运行，从而使学风建设有了一定的实效性，并取得了一定程度的进步。

第二，各个高校在不同程度上修订完善了本校的相关规章制度，以促进优良学风的建设。一方面，高校普遍针对本科生群体制定了相关规定。例如，中国矿业大学出台了《中国矿业大学（北京）学术道德行为规范》等制度规范；西安交通大学制定发布了《关于加强和改进本科生学术道德和学风建设的通知》（2012）等。另一方面，一些高校也建立健全了有关研究生群体和教师群体的规章制度。例如，浙江大学在2008年根据学科门类出台了《浙江大学人文学科类研究生学术规范》《理学类研究生学术规范》等相关条例；同济大学以及中南政法大学等高校出台了《关于本校有学术不端行为的教师在职称评定过程中的"一票否决制"》等。此外，还有一些高校从学风建设的硬性指标入手，颁布了相关办法。比如，中国地质大学（北京）将学风建设工作列为领导干部政绩考核和有关部门业绩考核的项目；南京农业大学将学术不端行为记录作为教师科技管理、人事管理以及研究生管理中的重要依据等。规章制度的健全和完善使高校学风建设进一步加强，学术造假行为得到了有效遏制，不良学风状况得到了极大改善。

高校的制度建设在高校优良学风形成的过程中确实发挥着重要的作用，但由于我国高校内外部环境的不断变化发展，高校制度建设的脚步还不能停歇。在中国特色社会主义发展的关键时期，高校制度建设更应做到与时俱进，以适应高校人才的培养目标，适应新时代社会主义现代化建设的新要求。

（三）路径平台得以不断优化

作为一项复杂的系统工程，高校学风建设相关工作的开展依赖多样化的平台和丰富多彩的方式。高校学风建设平台的构建不仅可以为学风建设工作的实施提供有利的环境，还能在潜移默化的过程中遏制高校学生不良学习风气，从而增强学风建设的实效性。因此，高校应在学风建设过程中积极优化建设平台，创新建设方式，为优良学风的形成提供有力的保障。

首先，搭建网络新媒体平台，拓展育人阵地。随着网络信息技术的迅速发展，"互联网＋教育"已然成为我国教育领域的后起之秀，新媒体也已经成为我国高等教育以及高校学生日常生活的重要组成部分。在机遇与挑战并存的新时代，高校工作者积极建设网络思想政治教育阵地，拓展网络学风建设新平台。高校普遍建立了学风建设专题网站，规范完善了挂网内容。有的高校还将新媒体的优势与本校特色结合起来，促进了本校学风建设网络平台的个性化发展。例如，天津工业大学在 2018 年 3 月启动了"红色领航"育人工程，通过搭建"党建新媒体平台"，充分发挥了"互联网＋党建"的作用，搭建了一个"严谨不失活泼、严格不失趣味"的新媒体教育平台，加强了对党员同志和其他高校学生群体的教育。

其次，搭建校园文化活动平台，丰富教育路径。多彩多样的校园文化活动作为高校教育的第二课堂，在高校学生知识结构的构建、思想道德素质的提升、综合能力的培养以及良好学风的形成等方面发挥了极其重要的作用，越来越受到各地高校的重视，已成为高校加强学风建设的有力平台。各高校也积极展开多种多样的活动方式，以大力促进优良学风的建设。其中，有的高校通过邀请优秀教师和学生榜样进行教学经验和学习成果的交流，为高校学生树立标杆，激发其学习动力；有的高校通过开展学术报告、就业指导讲座等活动，以端正高校学生们的学习动机，增加其学习热情；还有的高校通过开展主题展览、开设阅读经典"读书月"等一系列校园文化活动来加强本校学风建设，促进优良学风的形成。通过这些校园文化活动平台的构建，高校学风在不同程度上得到了改善。

最后，搭建协同育人平台，整合育人资源。协同育人是指不同的教育主体立足于共同的人才培养目标，充分发挥多方融合育人的优势并整合各方有利资源而形成的一种创新育人模式。高校构建多方协同育人创新平台，不仅能有效整合各方的有利教育资源，促进高质量人才的培养，还能切实提高高校学生对于国家和社会发展的支撑力、贡献度。随着我国高校教育改革的不断深化和教育现代化的持续发展，高校在加强学风建设过程中也在不断构建协同育人新平台。其中，广东海洋大学通过深化校企合作，为本校的实践教学提供了良好的平台，促进了创新型应用型人才的培养；吉林大学通过搭建科教协同育人平台，实现了高校与科研院所的互动和互补，加强了对于国家高层次人才的培养；湖南农业大学通过构建家校联动平台，凝聚了双方的合力，提高了人才管理的质量和水平。

（四）学风建设工程初见成效

在习近平新时代中国特色社会主义思想的指引下，各个高校纷纷努力做好思想政治教育工作，积极开展学风建设工作，以期更好地落实"立德树人"的根本任务，提升人才培养的质量和水平。随着各项工作的逐步落实，高校学风建设氛围更加良好，学风建设工作初见成效，高校学生群体中的不良学风得到了一定程度的遏制。

一方面，高校思想政治教育课程改革促进了高校思想政治教育的创新发展，为高校学风建设工作营造了良好的德育环境。一些高校先试先行，针对如何形成"三全育人"新格局、实现全部课程同向同行进行了大胆的尝试和探索。其中，上海市高校率先垂范，开启了德育课程改革之旅。上海市高校在构建全员、全课程育人体系的过程中，逐步形成了"课程思政"教育理念，广泛推广"课程思政建设"，通过推出《大国方略》《创新中国》《法治中国》等一批"中国系列"品牌课程，实现了从"思政课程"到"课程思政"的创造性转化和创新性发展，为我国其他地方的高校进行德育课程改革提供了范本。天津市高校通过打造"名师工作室"、建设"课程思政"改革精品课等方式形成了具有天津特色的思想政治工作品牌。高校积极推进课程思政改革，打破了思政课教师唱"独角戏"以及仅仅依靠思政课进行育人的窘境，开创了高校思政工作的新模式，同时为高校学风建设工作的进一步推进提供了新思路、开创了新局面。

另一方面，高校学风建设成效初现，不良学习风气有所遏制。高校学生不仅是学风建设的核心，还是学风建设的直接受益者，学风建设的工作成效首先应该体现在高校学生身上。大多数高校学生的学习态度积极、学习品德良好，他们对学习有高度的认同感，认为学习是自己喜欢做的事情，所以较少有上课缺勤、考试作弊等不良行为。

二、高校学风建设中需要注意的问题

（一）思想认识有待进一步提高

正确的认识是落实学风建设相关工作、增强学风建设实效性的前提和基础。高校只有提升师生群体对学风建设工作的认识，增强其积极参与学风建设的责任感和紧迫感，才能切实有效地推进良好学风的形成。然而，一些高校及师生群体对学风建设工作的认识还不够，导致学风建设工作没有充分发挥师生群体的作用，从而影响了学风建设工作的成效。具体体现在以下两个方面。

首先，对思想政治教育与学风建设的关系认识有待强化。高校思想政治教育与高校学风建设相辅相成、互促共进，加强思想政治教育的过程在一定程度上也是加强学风建设的过程。一方面，一些高校对"课程思政"理念的认识稍显不足，不能充分发挥思政课程和其他课程的协同育人作用。由于高校德育课程改革工作难度系数较大，并且还处于探索阶段，未形成可广泛应用的整体方案，全国范围内可供参考的经验尚有待充分和成熟，因而思政课程与其他课程还不能完全融会贯通，两者之间同向同行作用发挥得仍显不足。另一方面，师生群体对思想政治教育缺乏理性认识。由于受到市场经济以及多元文化思潮的影响，一些专业课教师对思想政治教育的重视程度还有待提高，在教育教学过程中仍然重视知识技能传授、轻德育；一些高校学生对于思政相关理论知识的价值也缺乏认同，在学习过程中更侧重于对于专业技能的学习。

其次，部分师生群体在高校学风建设的主体责任意识仍需加强。一方面，一些高校教师责任意识不强，对于自身在学风建设中的主导作用认识不够。例如，有的教师对学生疏于管理，缺乏管教，缺少沟通，没有与高校学生形成良好的师生关系；还有的教师对于科研诚信的认识不足，在学术研究的过程中存在着急功近利的思想。另一方面，一些高校学生群体对学风建设的认识不到位，对自身在学风建设中的主体作用缺乏正确认识。例如，有的高校学生认为学风建设属于领导或教师的工作，与自己没有关系；还有的高校学生对于学习无主动性和自觉性，并且无学术诚信意识，在学习过程中产生了作业抄袭、考试作弊、篡改实验数据、论文剽窃，甚至包庇其他同学学术不端等行为。此外，少数部门以及部分教师的全员育人意识有待加强，高校尚未形成一个全员育人的有机整体。

（二）制度执行力度仍需提升

制度是高校良好学风形成的刚性支撑和重要保障。它可以把有利于优良学风形成的因素具体化、条例化和规范化，对于优良学风的形成起着重要的引导和规范作用。制度建设是加强高校学风建设必不可少的环节，虽然各个高校在不同程度上建立和完善了相关的规章机制，并且也取得了一定程度的效果，但还是有一些高校在制度建设方面有待探索和完善。主要体现在以下三个方面。

第一，对于规章制度的建立健全工作仍需强化。虽然高校都加强了对学生相关管理条例的建立和健全，但仍存在着一些亟须重视和强化的问题。比如，一些高校对学生学习成果的评价制度方面还存在着一定的不足，一些高校对于学生的考核制度不够先进，还有一些高校的就业教育制度也不够完善等。此外，一些高校有关教师层面的相关规章制度还不够完善，如缺乏有效的激励机制、对于教师的评价机制还有待健全等。

第二，对于规章制度的宣传工作仍需加强。有的高校虽然认识到了规章机制的重要约束作用，也加强了相关制度的建设，但是没有充分重视学风建设相关制度的宣传工作。

第三，对于规章制度的执行工作仍需落实。有的高校没有有效落实学风建设相关规章制度，出现了执行力度不够，甚至是无法执行的现象。主要体现在以下三个方面：其一，部分高校学生中出现了对于规章机制的执行偏离预期结果的现象，如不遵守课堂秩序、不遵守考风考纪、不能保证作业的质量等；其二，部分教师在规章机制的执行中存在敷衍了事的现象，如不严格管理课堂秩序、不重视教学、不认真监考等；其三，部分高校管理者中出现了对于规章机制的管理和执行不科学的现象，如没有做到常抓不懈、没有做到与时俱进以及灵活创新、没有立足学生实际等。

要想确保学风建设能够取得成效，高校就必须狠抓制度建设，建立健全相关规章机制。在此基础上，高校还要重视、强化宣传和落实工作，确保制度建设能真正落到实处。

（三）"三风"建设融合性尚待加深

高校学风建设是一个多层次、多结构的系统工程，它包含着多种多样的子系统，涉及学校的方方面面。因此，要想使学风建设有所成效，全校师生员工必须积极参与、全员出动，各个职能部门必须通力合作、齐抓共管，各类学风建设必须相互协调、良性互动。与此同时，高校学风建设也不是一项独立存在的工程，它与高校的其他建设紧密相连、相互依存。要想促进高校学风建设的良性发展，必须协调好学风建设与校风建设以及教风建设之间的关系，实现各类建设相互促进、共同发展。

高校在加强学风建设的过程中开展了多种多样的活动，取得了一些成效，但部分高校在校园文化的开展方面还存在些许不足，具体体现在以下几个方面：第一，一些高校在开展学风建设的过程中仅仅以高校学生作为对象，忽略了高校教师、高校管理人员和其他相关人员，没有认识到教风建设和校风建设对于学风建设的重要性，没有认识到学风建设不应是一个独立存在的工程，没有有效整合学风建设、教学建设以及校风建设，因而不利于促进学风、教风以及校风之间的良性互动。第二，一些高校在开展学风建设的过程中仅仅是单独开展各种活动，没有将学风建设的各种活动作为一个整体来对待，没有考虑到各个活动之间的相互关系，没有有效协调好各种校园文化活动。因此，不利于形成校园文化活动建设的长效机制，不利于有效整合各种文化活动的合力以达到事半功倍的效果。第三，一些高校在加强学风建设的过程中仅仅注重开展灵活多样、生动有趣的活动，以培养高校学生良好的学习思维和行为习惯，忽略了考评活动对于学风建设的诊断、导向以及激励功能，不利于考评活动对学风建设产生作用。因此，不能全面了解学风建设的不足，不能有效促进高校学生综合素质的提升。

高校在加强校园文化建设的过程中应坚持系统论的原则。一方面，要认识到学风建设和教风建设、校风建设之间的联系，认识到教风建设以及校风建设对于学风建设的重要作用，从而推动高校"三风"建设良性互动，共同发展；另一方面，要认识到校园文化活动建设的整体性，在不断增加活动多样性和趣味性的同时综合协调各种校园文化活动，充分利用各类校园文化活动的优势，全面推进校园文化建设。

（四）高校学生的学习态度尚需改进

学风建设是高校的永恒主题，也是高校必须"一抓到底、久久为功"的长期性基础工程。高校在多年来积极响应党中央号召并切实采取措施加强学风建设的过程中，工作成效开始凸显，整体风气呈现良好态势。但受到当前主客观等多种因素的影响，高校的学风建设工作仍有待加强，高校学生仍然在不同程度上存在着学风问题。根据相关的问卷调查，笔者认为当前高校学生学风问题的表现具体如下：第一，一些高校学生的志向不够远大，只有青春梦，没有中国梦。学习志向是高校学生学习生涯中"藏于内"的主观促进因素，对于高校学生学习目标的确立以及学习动力的获取都有着重要作用。然而，当前高校学生群体中"常立志而不立长志"的现象屡见不鲜，部分高校学生在确立志向时仅仅着眼于眼前利益、物质享受以及个人发展，而没有将个人理想和国家理想结合起来。第二，一些高校学生对本专业的认同度有待提高，感兴趣程度也有待提高。兴趣源于热爱，兴趣是学生学习的动力源泉，是高校学生力争上游、完成学习目标的内在驱动力。相关调查显示，部分学生认为专业知识的学习不重要，并将自己学习生活的重心转移到培养个人才艺、参加社团活动或社会实践等方面上去。第三，一些高校学生的学习方法不科学，学习行为不规范。科学的学习方法是符合高校学生身心发展规律和受教育规律的方法，是高校学生取得良好学习效果的重要保证；不合理的学习方式会使高校学生逐渐丧失对学习的兴趣，甚至出现各种学习不端行为。因此，高校必须重视对于高校学生学习方法的引导，以促进其学习效果的提升。第四，部分高校学生的学习纪律松散，在学习上缺乏主动性。高校是学生社会化的重要转折点，其人才培养模式主要是高校学生进行自我管理和自主学习。因此，高校在学风建设过程中必须进一步加强对于高校学生的思想政治教育，激发其学习主动性，提高其自我约束力。

第二节　高校学风建设的影响因素

高校学风建设的影响因素不仅包括高校学生学习生活的环境，还包括高校学生自身，高校应制定科学的对策，促进优良学风的形成。

一、院校环境因素的影响

学习型组织强调要有浓烈的学习氛围，组织中的成员个体学习欲望强烈且学习能力高，成员之间能够相互影响与沟通，实现知识共享，并且组织中的每一个人都能以不断进步和优质工作为追求。教育组织个体行为理论指出，个体行为的产生是通过社会外部活动刺激转化的个体需要。对于高校学风而言，外部环境可以有效激发学生的学习动机，具体包括教学管理制度、教师教风及校园文化氛围等。

（一）严格科学的教学管理制度是高校学风的保障机制

我国有着严格的考试制度，高考就像是"千军万马过独木桥"，高考成绩较为真实地反映了中学毕业生的学习能力，也为高等院校选拔优质生源提供了重要依据。

我国大部分高校对学生实行学年学分制。学年制是高等学校以读满规定的学习时数和学年且考试合格为毕业标准的一种教学管理制度。学分制是高校通过学分来衡量学生学习质量的一种教学管理制度，一般以每学期的授课时数、实验和实习时数以及课外指定自习时数为学分的计算依据，根据各门课程的不同要求给予不同的学分，并规定各种专业课程的不同的学分总数，作为学生毕业的总学分。[①] 因此，将学生要修得的总学分分配在每个学期，每学期学生都有必须要达到的最低学分，修满最低学分后，多修得的学分不会影响到规定的总学分，但是学生提前完成学业的可能性小，而且大多数学生都是根据培养方案来修学分，目的是毕业。学生每挂一门课，都会影响到

---

① 　万杭，杨兵.从引导到指导——对中国高校现行学分制的思考 [J].科教导刊（中旬刊），2016（2）：1-2.

学生的学分，但是一般高校中的一门课程，学生有4次考试机会，正考不过可以补考，补考不过可以重修，如果重修还不过，毕业前还有"清考"，目的是保证学生顺利拿到毕业证。因此，学生只要没有严重挂科、严重违规或者自动退学等，基本上都可以拿到毕业证。

（二）重视教师教学，完善教学监控机制

教育的目的是培养人，教师应回归到教书育人的本位上。对于教师来说，其责任心和敬业精神既来自内在的良心和职业道德，又来自外在监督；对于高校学生来说，其自律自觉意识有待提高，更加需要外在的监督。

（三）良好的学风是和谐校园文化的基础

校园文化是高校的一种隐性课程，它以学生为主体，以校园为空间，以育人为导向，以精神文化、环境文化、制度文化等为主要内容，映照着一个学校的校容、校貌和办学特色等。而学风是在学生学习过程中形成的一种特殊校园文化，它植根于校园，是校园文化的重要组成部分，所以一个学校的学习风气对校园文化有着直接的影响。乐善好学、积极进取的学习风气在培养学生对学校的认同感与归属感中起着至关重要的作用，并且可以在很大程度上提升学生的学习兴趣，促进优良学风的创建。当前，部分高校的校园文化建设对精神文化的重视有待提高，过于重视物质文化的建设，我们不可否认物质文化为精神文化的建设提供了基础，但是教育的目的是培养人，校园文化要突出学术性，为学生营造良好的学术氛围。一个学校的物质文化、娱乐文化不能代替精神文化，良好的精神文化建设可以帮助学生提升人文素养、陶冶情操，帮助学生明德任责、致知力行，是强化高校学风建设的关键，而娱乐文化只是在某种程度上丰富了精神文化的形式。

此外，"近朱者赤，近墨者黑"，同伴群体对高校学生的影响也是不可忽视的。同龄人之间因为有着相同的成长阶段，所以极易形成共同的心理感受和相近的行为倾向，在情感取向与行为动作上容易相互影响与感染。因此，积极正向的班风、寝室风气，较容易带动学生群体的学习；相反，消极负向的班风、寝室风气也可以使学生消靡乃至荒废学业。因此，高校要为学生建设一个良好的学习与生活氛围，促进高校优良学风的建设。

二、学生自身因素的影响

在市场经济背景下，除了学习，高校学生还有很多其他的选择。高校学

生群体的是非观念、价值观建设比较薄弱，很容易被其他事情牵制精力。部分学生不能正确处理专业文化学习与其他方面素质培养之间的关系，容易因小失大，导致学业成绩下降；也可能会因为专业知识匮乏，文化素养有待提高，难以承受来自学业、就业、经济等各方面的压力，最终对学习失去信心。

（一）学习目的决定了高校学生学风的根本和方向

"为学如为人，为人当志存高远，为学才能坚持不懈。"学习目的是指学生通过学习要达到或者实现的目标要求和抱负水平，它反映了学生的人生观与价值观，能够阐述"为什么学""为谁学"的问题。学生进入学校的初心是学习，学习目的是学生学习的动力和方向，是学生进行学习行为的根溯性原因。在关于"学习目的""学习目标"的问题上，部分学生的认识较为片面，认为找工作便是学习的终极目标，没有意识到高校学习的真正价值与意义。大多数学生把学习当作达到世俗生活目标的途径和手段，是为了实现个人价值，而非传承文化、创新文化，学习目的呈现出强烈的功利主义色彩。学习是学生"享受的权利"，他们应该清楚这个权利是国家赋予的。因此，高校学生要把自身的发展与国家、社会的发展联系起来，例如，工程专业学生要有"精益求精、追求卓越"的工匠精神，医学专业学生要有"珍爱生命、大医精诚"的救死扶伤精神，农林专业学生要有"知行合一、躬耕三农"的耕作精神，基础学科专业学生要有"追求真理、勇攀高峰"的科学精神等，所有高校学生都应有"修身、齐家、治国、平天下"的胸怀。[①]

（二）学习态度决定了高校学生学习行为的表现

高校学生的学习态度是其对学习较为持久的肯定或否定的行为倾向或内部反应的准备状态，它决定了学习行为的内容和学习方式，决定了学习的投入程度。持有正确学习态度的学生应该是这样的：一是能够充分认识学习的意义和价值，对其有正确的认知；二是对学习产生兴趣和热情，有积极的情感体验；三是对待学习有良好的意志，能够做好学习的准备。

学习态度是从适应学习环境的过程中形成的，良好的学习态度反过来又有促进教师教学的作用。教育质量的提高离不开"教"和"学"两个关键环

---

① 刘婧媛.新时代高校学风建设的问题和策略 [J].北京教育（德育），2019（11）：38-41.

节，"教"的目的是引导学生科学地学习；"学"则是自发地、积极地去获取知识的过程。

学生是教学活动中的主体之一，只有激发其参与热情，他们才能在课堂上表现得积极踊跃，并主动进行课外探索。教师是传道、授业、解惑的执行者，学生对教师的教学满意，会使教师拥有成就感，促使其提高自己的教学水平，从而更好地完成教学。教师在不断改进教学方法的时候，学生也应积极主动地配合教师完成教学任务。良好的学习氛围有利于激发学生的学习兴趣，也有利于提高教师的教学兴趣和水平，二者互相促进，共同进步。

（三）学习品质决定了高校学生学习的层次和水平

学习品质是学生学会学习的关键环节，直接影响着学生的学习效率与学习效果。优秀的学习品质包括学生对知识的好奇心与学习兴趣、具有学习主动性、对待学习有良好的坚持与专注度、具有想象与创造能力及反思与批判能力。学习的本质应当是在学习过程中对先前所学知识与当前知识的融会贯通，然后进行更新创造，并做到理论联系实际，能够学以致用。而部分高校学生当前的学习在整体上处于浅层学习状态，没有采取"质"的学习来应对复杂的现实问题，他们只是把学习当成是一种需要背诵的记忆性活动，学习方式单一、主动性较差，并且学习动力不足，难以集中注意力。

"兴趣是最好的教师"，稳定而持久的兴趣是长时间、高效率从事学习必须具备的心理品质。因此，高校学生要注重提升自己的学习兴趣，提高自己的人文素养，培养良好的学习品质，逐渐完善自己。

（四）学习行为是高校学生学风的外在表现

学习行为是学生在特定情境下的学习活动的具体化和现实化，是学风最直接的外在反映。学生的状态是一所学校学风的最直接体现。

1.教师教风的影响

高校学生在校学习生活离不开教师，并且他们的学风会受到教师教风的直接影响。一个好的教师是拥有"德"与"智"的教师，教师用其高尚的德行感染学生，教他们做人做事；用渊博的智慧教育学生，教他们做学问、做研究。教师在教育教学中始终处于主导地位，因而学风建设的一个重要环节便是以教风带领学风。一个好的教师是具有教学研究与创新能力的教师。高校教师不仅是知识的传授者，而且是学术研究者，要提高自己的教学学术能力，就要进行学科知识的整合与创新。所谓教学，就是教师把自己掌握的知识通过一定的方式传授给学生，让学生以一种更易理解与接受的方式来学习教师所传授的内容。这就需要教师在实践中不断整合自己已有的教育知识与学科知识，更有效地进行教学内容知识的传播。同时，教师要对整合过程中产生的新的学科知识进行研究，加深对教育知识的理解，既能稳固自身的学科知识体系，也能促进自己的知识创新。一个好的高校教师首先必须是一个好的学术研究者，要认真研究自己所教学科，对知识进行创新性发展。面对多变的教学环境与学生群体，教师必须进行教学研究与创新，通过教学实践将教育知识与学科知识相结合，生成"如何教的知识"，这是教师教学学术能力的最终体现。教学水平高的教师既要有良好的教学研究与创新能力，又要以良好的教学方法来促进知识的有效传播。

2. 教师的教学态度直接影响着高校学生的学习态度

教师是"灵魂工程师"，是学生的引路人，是学生最好的学习榜样。一个好的教师能对学生的学习态度和日常行为起到正面的提升作用。此外，高校教师不仅要会教书，还要会育人。这就要求高校教师在品德方面要比常人更加高尚，并且能以身作则，对学生的成长以及学业起到正向作用。

3. 社会环境的影响

古人云："蓬生麻中，不扶而直。"人是生活在社会中的个体，没有人可以脱离社会而存在，社会无时无刻不在影响着人们的行为，人自然就具有了社会性。高校学生也不例外，他们的学风也受社会环境的影响。笔者认为，社会环境对高校学生学风的影响主要表现在社会文化和网络环境两个方面。

（1）社会文化直接影响着校园文化。从社会文化方面来看，单一的社会文化不再是主流文化，多元、兼容并包的社会文化才更加被人们所提倡，健康积极的文化思潮传播更加广泛。

（2）网络环境对高校学生学风的影响。从网络环境方面来看，随着网络的深化发展，网络社会化趋势明显。当代，高校学生是网络时代的"土著居民"，网络的使用成为该群体的一种常态化行为。网络元素的介入使高校学风建设既面临机遇，又面临挑战：一方面，学生利用网络资源学习知识与技能，扩大自己的视野、增长见识。网络快速传播的优势也使学生能够及时掌握专业前沿动态，并且许多高校已经将无线网络延伸至课堂，甚至覆盖整个校园，为学生学习带来了便利。另一方面，网络加强了各种电子设备的功能，无线网络几乎充斥了学生生活的方方面面，导致许多学生沉迷于网络，增加了学风建设难度。因此，高校要合理利用网络辅助学生学习，充分发挥其积极作用，促进高校学风建设。

第七章　立德树人视域下高校学风建设的实现路径

第一节　落实高校立德树人的任务

高校学风建设是为高等教育服务的，因而必须以学生的全面发展为出发点和落脚点，坚持立德树人的根本任务，以思想政治教育为引领，加强对高校学生的理想信念教育、法治观教育，同时加强其思想道德修养，为实现中华民族伟大复兴的中国梦培养新时代的生力军。

一、加强理想信念教育，树立正确的学习观

理想信念是精神之钙，高校学生的理想信念状况直接关系到其自身的发展和中国特色社会主义事业的后续继承。高校要深入开展高校学生理想信念教育相关工作，补足精神之钙，切实发挥思想政治教育的育人功能。

首先，高校需要加强马克思主义理论的教育。马克思主义理论是党和国家一切工作的指导思想，也是我国高校最本质的特征和最鲜明的特色。应通过对学生进行马克思主义理论的科学教育，增强学生对马克思主义相关内容的深入了解，帮助学生以正确的态度对待马克思主义，深刻认识马克思主义理论的科学性和真理性。加强马克思主义理论教育，不仅可以促进高校学生坚定共产主义信念，促使其在学习过程中养成实事求是的学习品德和优秀习惯，共同构建高校良好学风建设，还有利于形成高校学生不断学习、不断奋斗的强大内驱力，从而实现其自身价值和社会价值。因此，在教育的过程中，高校要深化高校学生对于马克思主义相关理论知识的学习和认识，要让学生深刻感悟马克思主义真理的力量，引导学生运用马克思主义理论的观点和方法指导自己的学习生活。

其次，高校需要加强中国梦的教育。中国梦既实现了理想信念教育的个体性和社会性的统一，还实现了其理论性和实践性的统一。高校学生是建构未来的主力军，是中国梦的参与者、实现者，是实现中国梦的生力军。因此，高校应加强对学生中国梦的教育，引导学生将自己的学习和祖国的发展结合起来，将个人的理想同国家的理想结合起来，为实现中国梦奉献青春力量，搏击青春能量。一方面，要加强对马克思主义中国化理论成果的教育和学习，促进马克思主义中国化成果在高校学生中的发展，使当代高校学生对我国国情及中国和世界发展的大势有一个更为准确的认识。另一方面，要弘扬和培育社会主义核心价值观。社会主义核心价值观是高校学生理想信念的

重要内容之一，加强社会主义核心价值观教育，既可以坚定高校学生的理想信念，也可以引导高校学生的思想认知和价值取向，帮助其在学习过程中做出正确的价值判断。

最后，高校需要加强高校学生精神的教育。学生精神是一所学校的灵魂所在，是一所学校的魅力所在，更是一所学校的文化象征，是历经多年积淀下来的文化符号。高校学生精神是高校优良价值观以及优秀品格的提纯和凝练，展现了高校先进的、乐观的以及进步的思想，在日常生活和学习过程中潜移默化地感染和激励着每一名学生。高校精神是每一名学子前进道路上的灯塔和内在驱动力，深刻影响着其世界观、人生观、价值观的形成，对于高校学生的成长成才有着不可小觑的作用。

因此，高校要充分认识到高校精神教育在理想信念教育中的重要地位以及其对高校优良学风建设的重要性，教育和引导高校学生将自身的学习发展与高校的发展相结合，将高校精神内化为自身的品格，进而形成优良的学习品质和学习行为习惯。

二、加强法治观教育，养成崇礼守法的良好习惯

法治素养作为社会文明程度的衡量标准之一，是新时代每个公民都应具备的基本素养。法治素养的高低不仅会影响学生自身及高校的发展，更会影响法治国家的建设以及中国特色社会主义事业的发展。高校作为我国人才培养的主阵地，更应充分发挥思想政治教育的重要作用，加强对高校学生的法治观教育，提升他们的法治素养，使他们可以自觉规范自身行为，养成明辨是非、崇礼守法的良好习惯。

一方面，高校必须加强法治课堂建设。高校的思政课堂不仅是对高校学生进行思想政治教育的主要阵地，而且是培育高校学生法治观念的主要渠道。因此，高校应重视思政课建设，将法治观教育的内容贯穿于思想政治教育理论主干课中，加强对高校学生法治知识的传授，进一步提升其法治意识、坚定其法治信仰。在教学过程中，高校思政课教师应多采用启发式、参与式、讨论式等灵活多样的教学方式，加强对高校学生法治观念的培育。比如，可以运用多媒体教学、模拟法庭、实践探索等多种多样的教学形式，增强法治观教育的趣味性；也可以紧紧围绕高校学生在实际生活中可能涉及的法律知识，通过案例呈现的方式帮助其思考相关法治价值和法治理念，使其切身感受法治对于个人、高校和社会的重要意义。同时，高校也应重视专业课堂上的法治观教育。专业课教师不应只局限于专业知识的讲授，更应在专

业课教学过程中融入法治观教育的相关内容，充分利用专业课课堂这一重要渠道加强对高校学生的法治观培育。

另一方面，高校必须加强法治校园文化的建设。首先，高校应建立健全校规校纪，使其更加科学、民主、权威以及具有可操作。在管理学生事务的过程中，应严格依法办事，实现管理过程的公平、公正和公开，并且充分尊重和保证学生的民主权利和合理诉求。高校可以增设相关平台促进高校学生参与校园民主管理以及班级事务的民主管理等，也可以为高校学生提供参与法治实践的活动平台，以促进其法治观的践行。其次，高校教师队伍和其他行政人员应以身作则，严格遵守法律以及校规校纪，不断增加自己的法律知识，提升自己的法治素养。同时，在日常工作中，高校相关人员应严格按照法律和相关程序来办事，充分发挥榜样示范作用，给予高校学生一定的隐形教育。最后，可以开展一些以加强高校学生法治观为主题的校园文化活动，促进其法治观培育，推动高校学风建设。比如，拍摄以法治观教育为主题的宣传视频、开展以法治为主题的有奖征文活动、组织与法治相关知识的辩论赛、开展以法治观教育为主题的讲座以及利用节假日展开法治宣传教育等。

三、加强思想道德修养，提升学生综合素质

高校学风问题的根本是高校学生的道德修养问题。道德修养作为优良学风的内因，虽强制力和约束力相对较弱，但具有广泛性，一旦形成，对高校学生的影响更为深远持久。道德修养的一个重要特征体现在高度的自觉性上，这也是高校优良学风形成的内在性、根本性因素。加强高校学生的思想道德修养就是加强高校学生的自觉性，增强其自觉将高等教育人才培养的要求转化为自身内在的信念去践行的能力。这样不仅有利于高校学生在学习生活中进行自我教育、自我规范以及自我约束，还有利于增强高校学生的主体性以及其对学风建设的情感认同，从而促进高校良好学风的形成。

首先，高校必须充分发挥课程教育的优势。第一，要充分发挥思想道德教育课程主渠道的显性教育功能，在思想政治教育相关课程中加强对学生的道德培育。第二，要重视专业课程的德育功能，在其他专业课堂上贯穿德育内容。同时，还要突出课程的实践性，加强理论学习与具体实践的结合。一方面，要建设更具有包容性的校园文化，提供创新训练和实践活动平台，在尊重高校学生个性的发展、帮助高校学生更为全面地认识自我的基础上，帮助高校学生培养创新意识和能力；另一方面，要加强对高校学生的人文关怀，积极开展富有吸引力的、积极向上的思想道德实践活动，可以将思想道

德相关内容渗透到社团活动、学术活动、问题活动中，使高校学生在隐形教育过程中提升思想道德素质，塑造理想人格，实现全面发展。此外，高校学生工作的管理也是一个良好的教育契机。将高校的日常管理与高校学生的道德教育相结合，不仅可以提升高校学生群体的思想道德素质，还可以为高校的管理工作奠定良好的思想基础和群众基础。因此，高校应充分利用这一渠道，将思想道德教育内容融入对高校学生的日常管理中，紧紧围绕高校学生的德育教育来进行管理，以期达到事半功倍的效果。

其次，加强高校教师队伍的建设。高校教师在教育教学过程中，不仅承担着教书的职责，更肩负着育人的使命。因此，高校教师不仅需要完善自身的专业知识，还需要增强自身道德修养，注重师德对于学生思想道德素质的重要影响。高校不仅要加强对于教师队伍的监管，设立相关监管机构，制定切实可行的监管方案及条例，并有效落实；还要完善高校教师的评价机制，构建复合型的教师评价体系，更加科学、合理、全面地对高校教师做出评价，以建设一支素质高且充满活力的高水平师资队伍。同时，高校要完善奖励机制，加强对教师的物质奖励和精神奖励，更好地满足教师的需求，以增强教师的荣誉感和教学积极性。

最后，发挥网络舆情的引导和监管作用。在信息化时代，大众媒体及校园媒体在高校学生思想道德的形成和发展过程中占据着重要地位。新媒体的参与性及广泛性扩宽了对高校学生进行隐形教育的接触面。但网络文化有时也会在高校学生思想道德形成过程中产生不利影响。因此，高校应占据网络思想阵地，充分利用网络媒体这一共享平台，弘扬校园正气和中国精神，并及时把握高校学生的思想动态，采取相应措施，加强对其的教育和引导。同时，高校还应趋利避害，充分发挥网络媒体的舆论引导作用，为高校学生提供一个积极向上的网络环境。一方面，加强对网络信息技术人员的培训，增加其相关理论和实践知识，提升其思想道德素质；另一方面，加强校园网络的建设和监管，加强网络道德规范和伦理建设，加强对高校学生的监督，严防不利于高校学生心理健康和思想道德健康发展的信息传播，为高校学生打造一个积极向上、风清气正的网络环境。

第二节　创新高校学风建设机制

古人云："绳墨以求直线，秤以权轻重，规以求圆，矩以划方，此为基本之器，由此基本之器，方能成就万器。"高校良好学风的形成，单单靠春风化雨般的教育是远远不够的，更要对高校学风建设机制加以创新。

一、健全规章制度，保障优良学风的形成

道德的自觉性要求一定的制度保障，同样，良好学风的形成要求高校为其提供良好的制度环境。其中，规范、合理的制度是建设良好制度环境的基础，大力宣传、培养高校学生的制度意识是建设良好制度环境的途径，有效落实、发挥制度的保障作用是建设良好制度环境的关键。因此，高校在加强学风建设的过程中，不仅要建立健全规章制度，进一步形成良好学风的制度保障；还要加大力度宣传规章制度，努力培养高校学生遵纪守法的良好意识；更要落实规章制度，充分发挥制度的长效育人功能。

（一）健全规章制度，形成良好学风的制度保障

规章制度的规范和健全是发挥其重要作用的必要前提，是高校加强制度建设的首要条件，是思想政治教育在高校学风建设中控制作用的集中体现。高校在加强规章制度建设的进程中，必须始终围绕高等教育目标，在保证规章制度相对稳定的同时做到与时俱进。

第一，要进一步健全高校学生管理条例。高校在建立健全学生管理条例时，应紧紧围绕政策思想，同时要立足于本校实际状况，制定出科学、可行的实施方案。高校在取得既有成效的基础上，还应加强以下相关条例的建立健全：首先，改变落后的考核与考评模式，采取形式多样的考试方式。教师可以将考试分为多个环节，并在课程结束后依据各个环节的成绩对学生进行综合评定。其次，进一步完善学术道德规范的相关规定。高校应在参考教育部颁布的道德规范的基础上，结合本校实际，详细罗列学术不端行为的具体表现及其惩治措施，明确阐明道德的底线所在，让学生对学术道德相关条例有一个更为清醒的认识。最后，完善就业教育制度。通过开设就业教育和生涯规划课程、举办就业指导讲座、建立就业形势与政策信息公布制度、开展就业咨询活动等，把就业教育贯穿高校学生生活的始终。①

第二，要进一步完善教师考评制度。完善教师考评制度是调动教师工作积极性、增强教师主体性、建设高校高素质教师队伍的迫切需要。高校在进一步深化教师考核评价制度改革时，应该把《教育部关于深化高校教师考核

① 王亚.高校学风建设研究 [J].教育与职业，2015（6）：40-41.

评价制度改革的指导意见》作为考核标准，同时立足于本校实际。首先，在完善教师考核评价制度时，应摒弃单一的评价指标，综合评价教师的师德、教学、科研、社会服务等，并根据本校实际情况，分别确定各个评价内容的权重和系数。其次，在传统自上而下评价的基础上，建立自下而上的评价机制，以促进教师考核评价更全面、更贴近实际情况，从而推动教学相长、学能并进。最后，要建立科学的教师聘任制度，要始终坚持公平、公正、公开的原则，进一步提升高校教师队伍的质量。同时，还要完善教师激励制度，坚持物质激励和精神激励相结合，调动教师的积极性和主动性，激发其教育教学热情。

第三，要健全学风建设激励机制。这是学风建设最直接的、最具有现实意义的方式之一。激励机制的健全有利于充分激发高校所有人员的热情，从而增强学风建设的实效性。首先，高校应健全相关物质激励机制。物质激励是激励的最基本的方式，高校在学风建设中要扩大激励面，不仅要对高校学生、教师、管理人员、后勤人员以及领导人员等各个领域的先进个人进行物质奖励，还要对宿舍、班级、学院等各个层面的先进集体进行物质奖励。在建立健全物质激励机制时一定要坚持社会主义办学方向，本着社会主义物质利益的基本原则，坚决杜绝一切向钱看齐的思想和行为。其次，高校要健全相关精神激励机制。精神激励的时效较长，相比于物质激励也更稳定。但想要发挥精神激励的实际效果，高校建立的精神机制就必须具体明确，不能空泛模糊。在进行精神激励时，高校要深入实际，对先进个人和集体进行多种形式的宣传和表扬，从而提升其荣誉感和认同感。高校可将两种激励方式结合使用，最大限度地发挥激励机制的实际效果。

（二）宣传规章制度，培养遵纪守法的良好意识

要想全面贯彻执行一套科学合理的规章制度，并达到预期的效果，必须做好宣传工作。对已健全和完善的规章制度进行大力宣传是高校规章制度有效贯彻落实的前提和保障，也是高校制度建设的中间环节。这一举措不仅有利于促进高校学生知法、懂法，培养其遵纪守法的良好意识，更有利于形成高校学风建设的良好氛围，增进高校学生对于学风建设的了解，进而培养其形成良好的学习思维与行为习惯。因此，高校在加强制度建设的过程中，应重视规章制度的宣传工作，不断丰富宣传手段，增强宣传力度，保证宣传工作到位和有效。

首先，高校应充分利用课堂这一教育的主渠道，增设专门的学术规范

课程及学术道德课程，为高校学生传授相关的知识。一方面，要向高校学生普及学术自律的重要性，让高校学生认识到遵守学术规范、拥有良好的学术道德是每一个人都必须具备的基本学术品质，是保证学术的正常交流、提升学术质量和水平、促进学术的创新发展以及推动我国教育和科研事业发展的根本保障。另一方面，要对高校学生进行详细的讲解，让高校学生充分认识到学术的相关准则、其中的界限以及学术道德的底线，明白哪些行为是值得提倡的、哪些行为是不值得提倡的以及违背学术规范行为的具体后果有哪些等。同时，要向高校学生普及知识产权等相关法律法规，增强他们的相关知识产权意识，培养他们遵纪守法的良好意识和行为习惯。

其次，高校应充分利用网络这一重要的舆论宣传平台。伴随着"互联网+"时代的到来，以信息为载体的相关优质教育资源给高校学生的学习生活带来了相当大的便利。高校的教育宣传活动可以不再拘泥于传统的模式，顺应时代潮流，采取符合当代高校学生时代特征的新兴模式。比如，高校可以在慕课、微课等新兴平台上对学生进行学风相关规章制度的教育和宣传，增加学生的学习兴趣；可以在本校官网或者图书馆的网络主页上增设学风建设专栏，加强对本校学风相关规章制度的宣传；也可以不断开拓校园网、微信公众平台等新渠道，在与学生互动交流的过程中不断增强学生对于相关规章制度的认知；还可以建立与学生密切相关的 QQ 群、微信群等，及时进行信息发布、沟通交流、宣传教育等相关活动。

最后，高校可以通过学风相关规章制度的专题讲座活动、漫画宣传活动、学风知识竞赛、有奖征文活动、学术失范案例的展示活动等来促进学生对于学风相关规章制度的认识和了解。高校可以将与高校学风相关的规章制度编写成册，抓住大一新生入学这一重要契机进行宣传和教育，并不定期检查相关内容的背诵；针对大三、大四的学生，可以开设论文指导课，详细介绍论文写作规范以及相关制度。各高校应立足于本校实际情况，不断创新方式方法，加大高校学风规章制度的宣传力度，培养高校学生遵纪守法的良好意识。

（三）落实规章制度，发挥制度的长效育人功能

理论的价值在于实践，规章制度的价值在于落实。因此，高校在制度建设的过程中必须坚持理论联系实际的学风，要在建立健全学风相关规章制度并加强宣传的基础上真正将规章制度落到实处，从而使其有效发挥约束规范、长效育人的作用。贯彻落实相关的规章制度是高校进一步加强制度建设

的关键环节，是学风建设能够顺利进行的重要保障。高校必须严格且持之以恒地执行已经制定的规章制度，并在执行过程中坚持以人为本的理念，体现管理育人、服务育人的中心思想。

1. 在规章制度正式推行之前，必须保证相关执行人员准确到位

制度执行人员负责相关规章制度的具体操作与落实，是制度有效执行的有力保证。执行人员的素质对执行结果有着重要的影响，要想进一步提升执行效果，就必须加强对执行人员的管理与培养，提高执行人员的整体素质。一方面，要合理调配相关的管理人员。第一，应成立专门的领导小组，统筹管理各相关部门，形成联动机制，促进各部门之间的交流协作。第二，应认真筛选相关管理人员，提升管理人员整体质量，保证相关管理人员在相应岗位上的作用最大化。第三，应调配优秀的相关管理人员，成立相应的反馈机构，采纳积极有效的建议，以推动学风建设的进行。另一方面，要成立专业化的工作队伍。高校必须层层把关、严格考察、科学培训，促进这一队伍的科学化和专业化；也可选拔优秀的学生干部组成学风建设学生工作队伍，提升高校学生的主体性，促进规章制度更有效地贯彻执行。

2. 高校应充分了解并尊重高校学生，提升他们的素质和执行能力

高校学生是相关规章制度的受众群及主要执行者，他们是否能够接受规章制度以及接受程度如何直接关乎着相关工作的进一步开展。因此，高校必须充分了解高校学生对于制度的需求与认同，从高校学生的角度为他们解读相关的规章制度，让他们充分了解高校加强学风建设的意义，了解执行规章制度对于自己未来发展所起的重要作用。同时，教师应做到以学生为本，在课堂上要多增加一些对规章制度的解读，在课下要多与学生进行交流和沟通，并及时进行反馈，最大限度地发挥规章制度的作用。

此外，高校必须进一步优化相关规章制度的执行环境。第一，优化规章制度执行的经济环境。足够的经费支持是有效落实规章制度的必要条件。高校需要保证学风建设相关经费及时到位、分配合理，为规章制度的执行奠定良好的基础。第二，需要优化规章制度执行的政治环境。高校必须引导高校学生正确认识学风相关规章制度，并不断向其普及新政策、解读新思想，保持其思想上的先进性。第三，需要优化规章制度执行的文化环境。良好的文化环境是制度得以有序执行的重要保障，而良好文化环境的创造需要高校予以高度的重视和资金支持。因此，高校应加大对于校园文化建设的人力、物

力及财力投入，以全面推进相关工作的深入开展，从而最大限度地保障相关规章制度的有效落实。

3. 高校必须完善高校学风建设监督机制，保证权责统一

这不仅可以促进相关规章制度执行的规范化，还可以进一步提升制度执行的效率。一方面，应强化外部监督。地方政府要加强对高校学风建设的监督，适当加压，保证政策能够全面贯彻执行。另一方面，应加强内部监督。首先，要保证信息的公开、透明。这是执行监督的必要前提。其次，要加强各部门的互相监督，将制度执行效果与各部门的业绩考核相关联，并建立奖惩制度，以促进各部门执行效率的提升。最后，要重视高校学生群体，进一步发挥其主体作用，让高校学生敞开言路，积极参与制度执行的监督工作。

二、搭建活动平台，构建良好学风的机制

在思想政治教育理论的引领下，高校依托丰富多彩的活动平台来加强学风建设，可以有效整合和优化校内资源，从而实现思想政治教育、文化活动和学风建设的有机契合，形成学风建设的合力机制，促进学风建设的进一步发展。因此，高校需要加强学风建设，强化教风和校风，以促进"三风"良性互动；需要协调教学、团学活动，以促进各类学风建设的互通；需要规范考生考评活动，以确保考评与学风建设的互证。

（一）强化"三风"建设，促进"三风"良性互动

高校的校风、教风和学风是其精神风貌的彰显，也是高校赖以存在和发展的精气神。其中，校风是根本所在，是教风及学风得以形成的精神内核；教风是关键所在，是校风的外在表现，同时是促使良好学风形成的重要方式；学风是核心所在，是校风和教风理念的最终彰显。"三风"建设的成效是高校办学实力及办学质量的直接反映。加强"三风"建设，不仅有利于促进新时代高素质人才的培养，还有利于创建具有中国特色的世界一流高校。因此，高校要始终强化"三风"建设，促进三者之间的良性互动。

首先，高校在强化"三风"建设的进程中，应坚持中国共产党的领导，通过高校党建工作这一途径去提升高校各部分人员的思想道德水平，营造良好的精神风貌。高校党建工作可以协调各部门之间的关系，激发广大师生员工的主动性和热情，使"三风"建设朝着正确的方向发展。高校应充分发挥基层党组织的重要作用，确保其思想道德建设工作落实到位，从而促进党员

形成高尚情操、保持思想的先进性，在净化"三风"的过程中能够起到榜样与模范作用。同时，也可以借助党建相关工作展开进一步的教育和引导，使师生群体形成共同的思想基础，明确"三风"建设之于自身的重要意义，从而凝聚全体师生的力量来开展"三风"建设工作，促进高校良好精神风貌的改善与提升。

其次，高校应建立健全"三风"建设运行机制。一套科学有效、具有特色的"三风"建设运行机制可以予以"三风"建设适当的约束和规范，从而保证"三风"建设得以有效运行。此运行机制必须具有全方位性，以保证"三风"建设贯穿教育教学的全过程；必须具有主体性，以保证师生员工积极参与；必须具有开放性，以保证"三风"建设可以适应高校的发展要求，同时博采众长，吸收借鉴有利经验；必须具有互动性，以保证"三风"建设能够互融互通，良性互动；必须具有长期性，以保证"三风"建设能够在实践中不断进步和发展，从而臻于完善。

最后，高校应以优秀促中间、以先进带落后，重视"少数群体"在"三风"建设中的重要作用。一方面，充分发挥本校优秀师生群体的榜样示范作用。正处于发展期的高校学生和青年教师们具有较强的可塑性，他们会自觉或不自觉地向优秀人物看齐。因此，应多开展交流座谈或主题讲座，加强宣传教育，突出教授或副教授、校园先进人物或道德模范在学术研究和思想道德方面的引领作用。另一方面，竭力开展对于"落后群体"的相关教育工作。"落后群体"指缺乏自律意识，在思维习惯或行为方式上存在缺陷或者错误的群体。这一类群体的"落后"仅仅是暂时的，仍具有很大的开发潜力。高校应正确认识个性和共性的差别，建立一支专门的管理队伍来加强对于落后群体的传授、帮助和带动，因势利导，规范管理，从而促进高校师生整体协调地发展。

（二）协调教学、团学活动，促进各类学风建设的互通

虽然教学与团学是高校内部两种不同类型的工作，但两者却是紧密依存、互促共进的。两者在人才培养的目标上具有一致性，在工作载体上具有互通性，在具体功能上具有互补性，在内涵价值上具有共增性。高校在加强学风建设的过程中，应重视教学工作与团学工作的统一，注重教学工作与团学工作的资源整合，有效协调教学和团学活动，加强两者之间的交流合作，促进各类学风建设活动的互通，从而进一步提升高校教育教学和学风建设的实际效果。

首先，高校必须摒弃教学重智育、团学重德育的传统做法，由教学工作和团学工作两大系统人员共同协商，统筹安排相关工作内容，制定科学有效且具有操作性的实施方案。可在教学工作中增加德育内容，在团学工作中增加智育内容，实现两者双重培养目标的方向一致性。同时，高校应科学合理地设计教学课程，将社会实践纳入教学计划，将课堂目标与课外目标相结合，实现理论与实践的统一。高校各个专业的教师都应结合自身特点设计相应的实践方案并参与指导，将教学实践融入社会实践，以提升学生的综合素质。

其次，高校必须为教学工作和团学工作的良好协作和有效对接提供平台、搭建载体。第一，高校必须注重学生社团的建设，加强学生社团与常规教学活动的联系和结合，从而实现课内与课外活动、教学与团学活动的有机融合。比如，可以创建一些有利于提升学生专业能力和道德水平的学术性社团、理论性社团等，充分发挥教师的主导作用，促进学生的全面发展。第二，可以依据高校学生的知识、素质、能力等综合评估并设计诸如青年马克思主义工程等课外教育项目，构建课外教育教学的相关体系，加强教师与学生的深度交流与沟通，从而促进教学与团学的有机结合。第三，可以构建以互联网为主要平台的相关信息沟通机制，推动教学、团学信息的一体化，使教学工作和团学工作能够共享学生的相关信息。学工部与教务处应加强沟通与协作，进一步实现团学工作和教学工作信息系统的对接，进而更好地促进学生信息的互通以及校内资源的共享和利用。

最后，高校必须建立针对教学、团学一体化的考核评价机制，以促进两者的可持续发展。第一，考核评价主体应具有多元化的特点。高校必须改变传统的只有教师评价的单一模式，建立专门的教学、团学考核评价小组，探索由学生、学生会以及团委等进行评价的多元模式，同时必须要赋予每个主体一定的评价权重，以促进评价方式的科学化、合理化以及具体化。第二，考核评价体系应具有科学合理的特点。高校必须建立专门的教学团学考核评价体系，将教学工作与团学工作的内容融入其中，并将此作为各学院和各部门的考核标准。第三，考核评价结果应具有同一性的特点。高校在落实考核评价体系的过程中，必须将考核评价结果相对应地运用到教学工作和团学工作中去，以促进两个部门能够在日常工作中合理地分配德育和智育工作比重，从而实现教学、团学协调有序地发展。

（三）规范考生考评活动，确保考评与学风建设的互证

考评活动对于学风建设具有极其重要的诊断、导向和激励作用，是高校加强学风建设的一个重要环节。高校在规范考生考评活动的进程中，应进一步明确培养目标，加大力度落实立德树人的根本任务，建立综合、全面的学业评价体系，创新高校学生考核方式，确保考评与学风建设的互证。这不仅有利于严肃考场纪律、扭转考风、端正学风，还有利于提升高校学生的综合素质。

第一，改革考试制度。当前高校的课程考试制度与高校学生不良考风的存在有很大的关系，因而改革现有的课程考试方法可以适当减少高校学生作弊现象的发生。高校可以将现有的"一次性"的期末考试换成教学过程的多个环节评定，在课程结束后，由教师根据各个环节的成绩对学生进行综合评定。若因现实因素等限制而无法进行多环节评定，可以通过降低课程考试成绩比重的方式来减轻学生的压力，提高课上出勤、作业成绩、课堂表现等方面的比重，引导学生重视自己平时的表现，从而减少在考场中的不良行为。此外，还要大力改革课程考试出题的内容形式，灵活出题，要以考核学生的综合运用能力和实践能力为主。因此，改革课程考试体系，完善课程考试制度对学风建设的意义重大。

第二，改革学业评估机制。当前，高校在评估学生时更偏向于考试成绩而忽略了高校学生的道德素质，奖学金及"三好学生"等奖励和荣誉的评选也是以高校学生的期末成绩为主。这在一定程度上滋生了高校学生不良考试行为。因此，高校需要对高校学生的学业评估标准进行创新，注重评估标准的多样化及时代性，改变"一试定音"的传统评估模式，从多个角度对高校学生进行更加全面的评价。在这一过程中，高校应严格遵循教育教学规律及人才培养规律，增加道德评估权重，突出德育功能，注重对高校学生思想品德的引导，以防止其不良思想和行为的滋生。此外，高校还可以将身体素质、人际交往等因素列为评估标准，构建更加科学合理的学业评估机制。

第三，丰富考评活动，促进考评活动更加丰富多彩。首先，可以通过朗诵、辩论赛、讲课比赛、现场写作比赛等活动来对高校学生进行考评。在考评活动的过程中，评价者需要认真学习和研究新课程标准，明确学科培养目标和评价准则，从而加强考试与评价的目的性和有效性，促进考评工作科学、规范和有效地开展。其次，要制定一套合理的、切实可行的、操作性强的活动考评标准。该标准必须符合本校实际情况、符合教育规律、符合高校

学生身心特点。最后，在整个考评进程中，应始终坚持公平、公正的原则，不能带有个人感情色彩。

三、完善高校学生学风管理制度

（一）完善课堂考勤制度

高校学生学习的主要渠道和场所是课堂，所以高校学生能够按时上下课是保障其学习效果的前提条件。因此，高校需要完善课堂考勤制度，增强学生的时间观念，强化学生的纪律意识，提高课堂出勤率，维持正常的课堂教学秩序。第一，制定严格的课堂考勤制度。高校教师和学生负责人必须在每次上课时分别进行一次考勤，以提高课堂考勤的准确性；考勤结果要和学生的平时学习成绩、期末考试资格挂钩，以激发学生的上课积极性；高校要对旷课时数较多的学生进行全院通报，并根据实际旷课情况做出谈话、警告、记过等相应的处理，坚持做到赏罚分明。第二，探索有效的课堂考勤方法。当今时代，随着科技的日新月异，课堂考勤方法也越来越多样化，如蓝牙感应考勤、指纹考勤、人脸识别考勤、扫码考勤等，这样不仅可以节约课堂时间、防止考勤作弊，还可以及时形成直观的考勤结果，便于详细分析。因此，高校可以引进或自主研发课堂考勤管理系统，以此来实现课堂考勤的现代化。

总之，为了让高校学生回归课堂，除严格的课堂考勤之外，高校也要从源头上查找原因，杜绝迟到、早退、旷课等现象，使学生真正地爱上课堂，养成良好的学习风气。

（二）健全课堂纪律制度

要培育高校学生良好的学风，还需要高校加强对课堂纪律的管理。第一，完善学生课堂行为规范。学校要建立健全课堂行为规范，促使高校学生在课堂上有针对性地约束自己的行为。第二，明确课堂纪律管理的主体责任。学院主要负责人应该成为管理课堂纪律的第一责任人。因此，学院领导班子要不定期深入课堂督查学生的学风，对课堂上存在的不良现象要予以提醒、批评、制止，必要时进行谈话。科任教师应该成为维护课堂纪律的直接责任人，要"愿管、敢管、善管"，要及时制止学生在课堂上出现的违纪行为。基于此，学校可以实行"谁上课，谁负责；谁上课，谁管理"的课堂纪律管理制度，有效地发挥任课教师的作用。辅导员和班主任要成为课堂纪律管理的重要责任人，不仅要经常深入课堂抽查对学生的上课情况，也要经常同科任教师、学生干部进行沟通，以全面掌握所带班级的学风状况。第三，探索有效的课堂纪律管理方法。例如，针对学生上课玩手机的现象，高校可以在每个教室里安装手机收纳袋，规定学生上课之前必须把手机放在收纳袋里，以有效地提高学生的"抬头率"，提高学生的听课效果。

（三）健全学业考试制度

学业考试是对学生学习效果的一种检验，对于学生调整学习计划以及教师改进教学行为具有促进作用。因此，为了培养高校学生良好的学风，高校必须健全高校学生学业考试制度。

第一，改革评价体系。目前，在我国高校学生学业评价体系中，形成性评价一直处于备受冷落的边缘位置，这就导致教师对学生的学习过程缺乏有效的监督。因此，高校应构建形成性评价与终结性评价相结合的评价体系。具体来说，高校应加强对高校学生学业的平时考核，科任教师可以运用课堂提问、课堂作业、读书笔记写作、课程小论文写作、期中测试等形式来了解学生的学习情况，并把平时考核的结果按一定的比例计入期末总成绩，从而提高高校学生日常学习的积极性和主动性。第二，实行教考分离。教考合一导致部分高校学生平时学习不认真，对知识的掌握不牢固，这不利于学风建设，也可能会助长高校校园中不良的学习风气。因此，高校实行教考分离制度十分必要。高校应以院系为单位成立命题小组，小组成员由熟悉该门课程的教师组成，负责试卷库的建设。这样可以增强高校学生学习的紧迫感，促使教师完善课堂教学。第三，严肃考风考纪。陶行知指出："曰欺亲师、曰自欺、曰违校章、曰辱国、曰害子孙：考试舞弊之五恶德也。"[1] 考试作弊是一种对自己不负责任、对教师不尊重的行为，并且违反了校规校纪、违背了诚信美德。因此，为了遏制校园中高校学生弄虚作假、投机取巧的学习恶习，培养高校学生认真踏实、实事求是的学习风气，高校应制定严格的考风考纪制度。例如，监考教师要认真监考，监考未到位的应严肃处理；巡考人员要全面督查，向考务办公室汇报真实情况，加强对高校学生作弊行为的惩治力度，绝不可姑息迁就等。第四，取消"清考"制度。"清考"制度的存在使大多数高校学生在学习过程中缺乏危机意识，即使考试挂科，他们仍然会心安理得地玩乐。因此，为了给高校学生适当增负，高校应该取消"清考"制度。

---

[1]　胡晓风.陶行知教育文集 [M].成都：四川教育出版社，2007：9.

（四）制定学术诚信制度

第一，完善学术评价制度。学术评价是指一定的组织或机构对某研究者或研究机构的学术成果做出价值评估和判断。就实质意义而言，它属于一种价值判断活动。[1] 高校要建立完善的学术评价体系，评价的主体包括教师评价、小组评价、自我评价等；评价的标准要以质量为核心；评价的成果包括期末课程论文、期刊发表论文、社会实践报告等。为了使评价的结果公平公正，高校也可以使"作业查重"服务常态化。第二，健全学术奖惩制度。学术奖惩制度可通过"奖励先进、惩罚失信"的做法对高校学生起到激励和鞭策的作用。一方面，高校可以给予学术表现突出的学生一定的精神奖励和物质奖励。精神奖励是指对学术研究和学术道德表现突出的高校学生给予肯定和表扬，如可以在表彰大会上进行公开表扬并授予学术荣誉称号，可以在评奖评优时进行适当的加分等；物质奖励是指对学术研究和学术道德表现突出的高校学生给予奖金和用品，如可以设置科研原创基金，发放生活和学习用品等。另一方面，高校要严厉惩处学术失信的行为。例如，对于课程论文抄袭的学生，科任教师可以给予他们不及格的分数；对于找人代写学位论文的学生，学校可以开除他们的学籍，并对论文指导教师追究失职责任。第三，建立个人诚信档案。为进一步提高高校学生群体的诚信品质，特别是学术诚信品质，高校应该为每个高校学生建立个人诚信档案，把他们在校期间的作业和学位论文完成情况、考试纪律情况等记录在他们的个人诚信档案里，毕业后和学籍档案一起交给用人单位。

第三节　改进高校学风建设方法

一、提高高校学生学风意识

意识认同对人的认识具有调节、规范、引导等功能，即具有思想政治教育的作用，可引导人们转变认识。从高校学生学风建设的层面分析，可将思想政治教育理解为延伸思想政治教育。只有重视学风建设，才能形成预期的结果。

---

[1] 张伟.学术评价的工具理性取向及其可能存在的风险[J].大学·学术版，2010（1）：21-25.

第一，引导高校学生树立正确的学习价值观，使高校学生形成情感认同。① 这是学风建设的关键所在。这就要求高校学生形成正确的学习价值观。那么，什么是学习价值观呢？学习价值观，即高校学生主体基于社会历史条件而形成的稳定的观点、态度。对于每个人而言，学习价值观是非常重要的，是做人的标尺。一个人只有形成正确的学习价值观，才有可能用心学习并融入实际生活之中。换言之，正确的学习价值观具有驱动学习、促使学生形成远大志向的作用，可以引导当代高校学生保持较高的学习效率。

第二，提高高校学生的学习道德素养。高校学生内在约束其学习道德观，可以形成情感认同，并主动配合、支持学风建设，形成远大的志向，明确自我学习方向，自觉端正学习态度。学习道德观还是学校乃至社会评价学生学习情况的准则。具体可围绕如下几方面全面提高高校学生的道德素养：一是杜绝散漫学习、闭门造车；二是倡导尊师重道、谦虚谨慎。

第三，培育高校学生良好的学习心理素质。首先，正确引导学生妥善处理兴趣与学习间的关系。并不是每一个高校学生都能够学习自己所热爱的专业，如果不能对这些学生进行正确引导，他们就很有可能形成厌学情绪。因此，应引导高校学生摆正态度，形成正确的学习心理、学习观，努力提高自我专业水平，为未来奠定基础。其次，应重视情感的培养，使学生认识到学习是一件很快乐的事。高校学生不仅要正确看待学习，明确终身学习的意义，还要具有强大的意志力、自信心，坚定自己面对困难的勇气与能力，朝着目标而不断前进。最后，高校学生要认识到自身的不足，好好学习，多与其他同学交流，共同探讨，最终形成良好的学习习惯。

二、注重高校学生主体性教育

社会主义核心价值体系在很大程度上体现出了人民的地位，即为人民所认知、为人民所创造、为人民所拥有、为人民所承诺，这是由马克思主义人本性所决定的。教育就如同学风建设，一定要体现出与主体（学生）相符的个性特点和精神面貌。② 学生只有满足自主态、创造态、能动态这些主体必备的状态，才能切实地得到一种体验、一种态度及一种判断。要点燃学生的热情和学习动机，激发其自主性、创造性和积极性，就要先打开内因的大门，这样才能使教师的品德、道德标准、思想规范等外在的具有先锋标杆作

---

① 尚璐璐.当代大学生学风建设研究 [J].决策探索（下半月），2016（14）：43.

② 徐琨.大学生学风建设存在的问题及对策研究 [J].品牌，2015（1）：241.

用的事物被转化成内在要素。作为主体，学生既是学习的内因，又是建设学风的核心。高校应围绕高校学生实施强化的主体性教育，并注意在教育过程中充分承认和尊重受教育者的主体地位和独立人格，以自由的个性和多元化的发展为教育核心，启发受教育者能够自主地、创造性地、能动性地完成学习任务。自主性教育诞生的意义就是改良和优化传统学习方式，使学生成为主动接受、创新实践、自主认知的主体，将价值理念变成学生不可缺少的内在需求，驱使其慢慢地掌握学习的主动权。主体性教育是优良学风的创建基础，把主体性教育与以人为本的理念结合起来导入课堂，是高校建设学风的创新路径。

三、关注学生的实际需求，做到理论联系实际

社会主义制度所体现的本质价值就是其核心价值体系。因此，其涵盖大量的价值活动的理念与准则，其体现的不仅是人民群众的实际利益，还是人民群众的预期利益。高校在建设学风的过程中要创新应用社会主义核心价值观，其目的不只是对先进的核心价值体系的宣扬，更是对理论与实际相联系的强调，体现了对学生内在需要的关注。因此，高校在灌输社会主义核心价值体系时，要立足于学生的实情和身心特点，不能一味地采取强制手段，要注重根本利益的体现，使学生透过生活来体会主体地位，以增强和促进其自主践行社会主义核心价值体系，提高思想道德与创新能力，得到自由全面的发展。现行的教学方式中人性化程度较高的是导师制。该方式能够帮助学生切实解决实际的生活和思想问题。以牛津大学和剑桥大学为首的很多国际名校均将导师制视为教学工作的核心环节，并将其当作主要教学方式。早期的教学方式倾向于罗列事实，导师制则是以面对面的师生交流为主，强调价值观的陶冶和思维方式的培养，在和学生沟通与探讨中，启发学生思考，尽可能地发挥学生潜能，极力推崇循循善诱、德治兼修。通过这种教学方式，教师可以更加清楚学生的心理状态与思维逻辑，准确把握其真实需求，也更容易让学生认可核心价值体系，并将其变成评判内在价值的标准。

四、注重学生的差异性和层次性

基于辩证唯物主义理论指导，中国共产党形成了实事求是、解放思想的基本方针。这也是社会主义核心价值体系所要遵从的核心价值理念。另外，基于主流意识形态还应做到多样性、层次性。当前人类形成了日益多样化、独立性、有层次性、差异化的思维活动，形成统一的社会思想是价值体系的

核心之所在。作为人文性特性要求，价值体系是高校学生学风建设的重要内容，其强调构建具有人文化、生活化的学风，理性看待事物，明辨是非。应注意避免以一种标准评价所有学生，应明确每一个高校学生由于其教育环境、家庭背景存在差异性，所以其对待事物的看法也会存在差异。从某种层面来看，接受同样的价值观教育的学生，其共鸣程度、转变思想的情况等方面也会存在差异性。高校学风建设应充分重视具有层次性、差异性的学生群体，区别对待学风建设的要求与提倡的内容，避免工作流于形式。比如，可以从政治的角度看待学生党员、积极分子，引导他们形成集体主义、为人民服务的思想；而对待普通学生则应以爱岗敬业、奋斗、团结友善等作为道德规范依据。立足高校学生的现状，形成具有层次性、差异化的思维，区别对待各个群体，在鼓励先进的同时也要照顾多数，有机结合先进性要求与普遍性要求，引导各个层次的学生共同进步。

五、形成学风建设合力

恩格斯在《反杜林论》中指出："许多人协作，许多力量融合为一个总的力量，用马克思的话来说，就造成'新的力量'，这种力量和它的一个个力量的总和有本质的差别。"家庭、学校乃至社会对一个人的影响较大，无论人们扮演着何种角色，身处社会的哪一个阶层，都必然会受到上述各要素的影响。个体自出生以来就受到家庭的熏陶与影响，并且家庭的影响具有深刻性、全面性、持久性。陈成文认为，个人的行为习惯、品质、性格深受家庭教育所影响，同时家庭教育还会对人的思想理念、价值观念形成刻骨铭心的影响。由于家庭、学校、社会对学生的影响程度、方向不同，所以所形成的效果也存在一定的差异。高校应采取有效的方法合理整合协调各影响因素，使各要素充分发挥作用，积极推进学风建设。主要从以下两大方面入手：首先是在空间上有机整合学校、家庭、社会；其次是基于时间维度整合上述各影响因素，形成统一的方向与目标，有序地发挥各要素的作用，形成学风建设合力，达到事半功倍的教育效果。

第四节　优化高校学风教育环境

在高校学风教育中，环境就是影响学风状况的一切外部因素的总和。优化高校学风教育的环境，就是对高校学生学风教育的各项环境要素施加控制和影响，使其能够促进和服务于优良学风的生成。

一、优化宿舍环境

宿舍不仅是学生生活和情感交流的场所，也是学生学习的重要场所。教育者可从以下四个方面培育健康的高校学生宿舍文化，以宿舍环境推动优良学风。

（一）强化宿舍管理制度

宿舍作为集体生活的领域，需要有相应的管理制度对学生的生活行为进行规范。辅导员、班主任、学业导师、宿管员等教育者可以强化宿舍制度的管理功能和育人功能，为宿舍的学习氛围提供制度保障和行为规范。要强化辅导员班主任进宿舍制度，了解学生学业生活状况，对学生进行学习观教育，引导学生将学习融入日常生活。教育者可依托"党员宿舍""学生干部宿舍""优秀学生宿舍"等荣誉制度的带动作用，发扬先进学生的示范作用，建立一批学习好、品德好、生活好的"标兵宿舍"，做学生宿舍管理的"样板房"，供其他宿舍学习和参观；也可依托"文明宿舍创建""宿舍装饰大赛""宿舍才艺比拼"等校园活动，凝聚宿舍成员情感，激发学生创意，为学生学习提供温馨、整洁的室内环境。教育者尤其要强化作息制度，晚上11点宿舍要准时断电、断网，要求学生制定宿舍作息表和集体公约，遵守公共生活秩序，按时就寝，不在宿舍吵闹，以免学生因熬夜通宵等引发宿舍矛盾，耽误正常上课。

（二）注重宿舍人文关怀

宿舍是学生集体的家。在良好的宿舍环境下，宿舍成员间互相关怀，营造温馨的氛围；宿舍成员之间在学习上相互比拼、相互激励，遇到困难和挫折后相互咨询、相互帮助，有助于培养学生的人际交往能力和合作学习的习惯，还有助于舒缓学生的学习压力，培养学生健康的学习竞争观念，调整学生稳健的学习心理状态。教育者要重点关注以下三种宿舍状态：第一种是"混合型"宿舍，因班级、专业、上课时间的不同，宿舍成员容易产生心理隔膜和宿舍矛盾。第二种是"矛盾型"宿舍，因作息时间、生活习惯、个性差异的不同，宿舍成员容易产生人际纠纷，甚至肢体冲突。教育者要及时调节宿舍矛盾，还学生一片安宁的学习空间。第三种是"游戏型"宿舍，宿舍成员沉迷于游戏或娱乐项目之中，可能会影响学习斗志。教育者要及时了解学生的思想动态，组织健康的学生活动，引领富有意义的讨论话题，提供积极向上的学习目标，吸引学生舍弃享乐，追求学业进步和人生成长。

（三）引导宿舍网络文化

首先，教育者要加强自律精神教育，要求高校学生严格控制自己的上网时间，并且发挥学生的相互监督功能，随时掌握学生的网络使用状况，及时制止和警示网络成瘾学生。其次，教育者要加强网络素养教育，引导高校学生利用网络收集信息、查找资料、远程学习，将网络转化为学习的有力帮手。最后，教育者要强化网络法律意识教育，确保高校学生明晰通过网络传播不良信息需要承担的法律责任，以杜绝不良网络行为。此外，高校还要办好学校官网、官方微信、官方微博等主流网络媒体平台，提供网络精品课程、慕课课程、尔雅课程等网络学习平台，使高校学生的网络追求更加高雅，让网络成为其学习的有益工具。

（四）完善宿舍配套设施

高校可以在学生宿舍生活区配备相应的物质设施，开展多样化的文化活动，提升高校学生的宿舍学习氛围。高校要建立配套的学习、体育、娱乐、健身、休闲场所和设备，丰富高校学生的课余文化生活，避免学生沉溺于游戏。例如，在各个宿舍区开辟自习室和对应专业的图书馆，方便高校学生随时自习和查阅专业资料；在生活区配备咖啡馆、书吧等自由讨论场所，方便高校学生进行思想交流和专业讨论。同时，高校还可在宿舍区域开展多种多样的学术文化活动，如书画展、摄影作品展、学生优秀事迹展、年度高校学生评选现场投票、公益募捐等活动，使高校学生在轻松的生活中陶冶学习情操；还可以把一些非正式的学术交流活动安排在公共宿舍区，活跃现场氛围。例如，美国耶鲁大学专门在住宿学院开展"院长茶话会"，邀请各类名人出席，进行非正式的谈话，受邀者不乏美国乃至世界的政界、商界、体育、娱乐、社会公益领域的知名人士，让高校学生有机会在喝茶聊天的轻松氛围里，与社会名流面对面地交流或争论。①

优化宿舍环境是整合教书育人、服务育人和管理育人多样教育主体力量的重要表现，是高校学风教育融入日常生活的主要渠道。

---

① 姚军，聂邦军.学习与发展：美国高校学生事务管理理念与实务 [M].苏州：苏州大学出版社，2017：129.

二、优化班级环境

班级是高校的基本单位，也是高校行政管理的最基层组织。班级成立的根本目的在于实现共同的教育任务，基于教与学的辩证关系，追求良好的学习风气。

班级是高校学生共同学习和生活的"学习共同体"，基于整体与部分关系的原理，高校学生个体的学习必然受到班级整体学风的影响。优化班级班风学风环境是高校学风教育的必然选择。

（一）扭转学生观念误区

当前，高校学生中关于班级环境与自身学习和成长的关系存在很多观念误区。随着高校学分制和分层教学的深入推行，"班级"在教学方面的集中性被打破。随着网络教育载体的普及，辅导员、班主任更多地借助网络通知集体事务，班级集中活动的机会变少。在实体班级"淡化"的大背景下，很多学生以宿舍为单位开展人际交往，与其他同学交流偏少、情感淡薄，班级凝聚力被弱化。同时，部分学生割裂了个人学业与集体环境的关系，要求自我努力和个人利益，忽视个体在集体中的义务与责任，班级集体荣誉感、公共责任感都呈下降趋势。高校学风教育中，要营造团结协作、整体向学的班级氛围，就要先从扭转学生的思想观念入手。教育者要向学生阐述个人与集体的相互依赖关系，强化学生的班级归属感和集体荣誉感；要大力宣扬为班级热心服务、学习成绩优良的学生事迹，确立先进学生典型，激发其他学生以他们为榜样，做好班级服务和个人学业；要及时了解班级学生的思想动态，公开批评和抵制班级中蔓延的自私自利、物质享乐、不思学习的不良倾向，倡导比拼学习乐于奉献的集体氛围。观念是行为的先导，高校学生只有树立努力学习、为人民服务思想的主导价值观念，才能形成良好的学习局面。

（二）发挥学生干部职能

学生干部是班级管理的骨干力量和关键少数，也是高校学生学习的重要参考对象，在高校学风教育中发挥着"自我教育、自我管理、自我服务"的功能，是受教育者主体力量的重要来源。首先，要选拔一批道德品质可靠、学习成绩优良、乐于服务班级的班干部队伍，这样才能带动班级营造良好的学习氛围。其次，教育者要充分调动学生干部的积极性和主体性，让学生干部协助班级日常管理。班干部要肯干事、敢管事，及时向班主任报告班级缺勤人数和名单，与科任教师沟通班级学生学习感受和学习期待，尽职尽责收取课程作业、做好班级服务，有创意、肯吃苦地组织集体活动，加深学生间的感情。班干部队伍作用得力，班级才能团结一心，富有凝聚力，班风、学风建设才能蒸蒸日上。最后，教育者要及时表彰班干部队伍和其他优秀学生，在班级确立一批品学兼优的学生骨干和积极典型，用标杆方式激发学生学习的竞争意识和拼搏精神，也让学生骨干和优秀学生感受到学习的自我成就感和社会认可感。

（三）建设学习型班集体

学习型组织旨在通过发挥组织成员的创造性思维，培养整个组织的学习氛围，从而建立一种有机组合、高度弹性、扁平结构、符合人性、持续发展的组织形态。学习型组织的内在意蕴是组织成员将个人的学习融入团队学习之中，通过团队共同愿景、团队周密计划、团队榜样力量和团队科学方法等，最终实现个人与团队的共同成长。借鉴学习型组织的思想，要建设学习型班集体，首先要凝练班集体共同的学习愿景。通过主题班会、交心谈心和交流发言等多种形式，教育者与高校学生共同确立班集体的学习目标和愿景规划，如班级毕业率 100%、班级英语四级通过率 100%、班级期末考试通过率 100% 等，并将集体学习愿景注入每一个学生的思想之中。随后，班级可以制订班规和班级学习计划，针对班级自习（尤其是低年级的集中晚自习）、课堂出勤、作业提交等做出统一要求，并督促学生个体尽早确定职业规划，为高校学业和就业做准备。在学习型班集体中，班级要定期进行信息公布，如班级成绩排名、考级考证通过率、考研率等集体学习目标的完成进度，表扬学习优良的积极分子，鞭策学习不佳的后进分子。学习型班集体要以团队共同愿景为黏合剂，将高校学生的个体学习融合为团队学习，在学生的自我管理、自我激励中发挥教师的引导作用，最终形成学习氛围浓郁、集体成员共赢的良好局面。

三、优化校园环境

高校学生的学习活动主要发生在校园范围内，校园环境是高校学生学习的硬件环境与软件环境的综合体。一所高校的校风和学风，犹如阳光和空气决定万物生长一样，直接影响着学生的学习和成长。良好的校风和学风能够为学生学习成长营造一个好的氛围、创造一个好的生态，这样思想政治工作就能润物无声地给学生以人生启迪、智慧光芒和精神力量。优化校园环境，主要从校园物质环境、校园学术环境和校园精神环境三个方面着手。

（一）优化校园物质环境

高校学生学风产生的校园物质环境是对高校师生学习产生影响的一切物质条件的总和，既包括非教学物质条件，如校园地理自然状况、校容校貌、布局规划、景观绿化、建筑雕塑等，也包括教学物质条件，如教学楼、实验室、科研仪器和实验手段等。教学物质条件是高校学风生成的核心物质基础，也是高校学术环境和精神环境的物质载体。教育者对校园物质环境的优化表现为投入大量的人力、财力、物力，改善非教学物质条件，如扩建新校区、翻修美化校园，为学生提供整洁、美观的学习环境。更重要的是，教育者需要整合学科资源，集中财力和智力因素改善教学物质条件，如教学大楼的修建、图书馆藏书的扩容、国家重点实验室的申报和组建、新型研究器材的引进和研究方法的运用等。教学物质条件的改善，不仅深刻影响着高校学生的专业学习与技能培养质量，还奠定了高校学生今后专业发展与学术研究的起点。

（二）优化校园学术环境

校园学术环境是高校对教学、科研、人才培养方向和质量产生影响的一切学术因素的总和。学术是"学问""知识"的集合，内蕴着原创性思想，总是与学科建设、专业设置、学术水平、学术氛围等具有高度专业性、研究性和理论性的教育因素密切相关。校园学术环境的核心因素是高校的学术水平，这是一所学校发展水平和办学实力的重要因素和体现，对学生的成才愿望、奋斗目标和学术气质的形成发挥直接作用。[①] 校园学术环境的优化，需要学科和专业教师发挥主导性作用，辅导员、班主任发挥辅助性作用。首先，学科点和各专业教研室可提升人才引进、师资队伍优化、课程开设、人才培养方案制定等方面的质量，以夯实学生的专业基础和学术基础。其次，学科点和各专业教研室可在课程论文、毕业论文撰写和毕业论文答辩环节中加强校术道德教育，严格执行本学科的学术规范，以提升高校学生的学术诚信意识和科学研究水平。最后，学科点和各专业教研室可与包括辅导员在内的行政力量联合，举办学术大家讲座、本科生创新论坛、研究生学术征文、

---

① 李粤.当代大学生思想政治教育的探讨 [J].好日子，2020（34）：2.

学科专业年会、高端学术论坛等活动，以丰富高校学生学术水平的培养形式。学术性是高校学生学风的基本特性之一，优化校园学术环境则是开展高校学生学风教育的基本要求之一。

（三）优化校园精神环境

校园精神环境是校园文化中精神性因素的总和，具体而言，是高校历史传统、办学理念、价值倾向、道德观念、校风校纪等思想观念层面因素在各类校园活动与不同校园主体之中的体现。校园精神环境是校园文化环境中的主导内容和精华部分，也是校园文化环境的核心因素和关键构成，影响着高校学生的学习价值、学习精神和学术道德的形成。教育者可以从传承校史校训、凝练办学理念、开展思想教育、强化校纪校规等方面推进高校学生学风教育。校史是高校历史发展的沉淀，校训是高校精神的核心提炼，有利于促使高校学生传承优良学术传统，用校训、校风精神激励自身学业进步。办学理念是高校的办学特色和其未来发展方向的体现，当前我国开展的"双一流"高校建设等战略规划，能更新高校学生的学习理念，驱动高校学生树立更高的学业追求。思想教育主要涵盖高校学生的理想信念教育、价值观教育和道德教育，有利于培育高校学生正确的学习观、价值观和道德观。校纪校规教育是提升校园精神文化的基本保障，教育者需要广泛宣传教学纪律、考试纪律和学术规范，为高校学生学风教育提供硬实力保障，保障校园精神环境对高校学生学风的影响从思想认识层面落实到学习实践之中。

四、优化社会环境

（一）形成尊知重才的社会氛围

要培养学生形成竞争意识、学习意识，使学生认识到要想在激烈的市场竞争中找到好工作就要踏踏实实地学习，努力提高自身的学习能力。除此之外，要努力营造尊知重才的良好环境，使每一个人才都能有一个良好的发挥空间，从而激发高校学生的学习和进取精神。

（二）创设干净良好的网络环境

随着互联网的普及，人们的生活和互联网的关系越来越密切，网络上的资源纷纭复杂，一部分资源有利于高校学生补充知识、拓宽视野，也有一部分不良文化严重侵蚀着高校学生的价值观念，影响了高校学生的社会责任感的培育。我们要为高校学生创设一个"干净良好"的网络环境，政府要建立健全网络监管机制，抑制不良网络信息的传播，对于传播不良网络信息的企业或者个人给予严格的惩罚力度，严格监制公共媒体传播信息的质量，做好严控把关，为高校学生提供一个干净的网络环境。

五、强化家庭教育

（一）重视家庭教育方式

"家庭是人生的第一个课堂，父母是孩子的第一任教师"。父母给予孩子的家庭教育是从孩子幼年时开始的，甚至是从胚胎开始的。幼小孩童头脑单纯，父母所给予的教育是引导他们行事的准则。这种教育伴随孩子的一生，是不容易改变的。因此，父母要重视对子女的教育方式。

首先，父母要重视对子女理想信念的培育。父母应该从孩子小时候就把理想信念作为重点，让孩子从小就怀有远大理想，为社会、为国家、为民族富强而奋斗。其次，父母要注重对孩子学习能力的培养。俗话说"授人以鱼，不如授人以渔"，父母应该教会孩子独立处理问题，这样才能使孩子在日后的生活中能够更好地独立生活，而不是让自己的孩子养成事事"坐享其成"的坏习惯。

（二）营造良好的家庭风气

家风对于一个家庭的发展至关重要，父母要担当起家风的重要引领人。首先，培养全员感恩的家风。感恩既是一种普遍的行为规范，也是任何文化都公认的基本道德准则。感恩教育是一种以情动情、以德报德的情感和道德教育，是一种以人性唤起人性、善良回报善良的人性和思想教育。[①] 家庭教育要注重感恩意识的培养，上行下效，从父母感恩长辈、孝敬长辈开始到子女感恩孝敬父母，家庭全员要将这种感恩意识一代代地传播下去。要让孩子具备感恩意识，逐渐感恩社会提供的物质文化和精神文化财富，逐渐培养起强烈的社会责任感；会逐渐感恩父母无微不至的付出，从而形成浓厚的家庭责任感；逐渐感恩学校、教师、同学给予的教育和帮助，从而形成强大的学习动力。其次，培养全员学习的家风。培养全员学习的家风意在积极构建学习型家庭，学习型家庭作为一种新的家庭形态，在一定程度上能够优化家庭

---

① 黄铁苗，徐常建.重视家教家风建设的思考[J].岭南学刊，2016（2）：121-126.

教育，不论家庭的大小、成员的多少，学习型家庭能够使各家庭成员在一种轻松愉快的环境中共同学习，能够培养高校学生形成正确的价值观和良好品德，能够促进高校学生成长、成才。[①] 学习的内容比较广泛，包括家庭成员之间集体沟通、家庭成员个人的自觉学习和思考等，遇到问题时家庭成员要集体寻找解决的方法，然后进行归纳总结，培养高校学生独立解决问题的能力。学习型家庭的构建可以提升个体的学习能力和适应能力，使高校学生能够更好地融入新的生活环境，更好地适应当下状态，从而形成良好的学习风气。

第五节　培育高校学风文化

学风是校园文化的象征，是一所高校的文化气质的集中性体现，是一所高校的灵魂。其中，精神文化是高校文化的核心，制度文化和物质文化是关键，行为文化是主体。四种文化相互交织，共同构成了高校精神文化面貌，构成了高校学风。

一、培育学风文化的内在精神

（一）建构精神层面的学风文化

"学风"是对师生日常行为和态度的一种考察。作为高校校园的主体，教师和学生的日常行为与态度构成了整个校园的风貌。在高校校园中，学风无处不在。优良的学风能够让人受到一种良好的思想熏陶。对于任何一所高校而言，营造良好的校园环境、培养优良的学风至关重要。事实上，在学风建设中，教师的德与才是影响学生思想的关键，教师的思想价值观、文化知识水平等，都是构成校园学风的关键因素。而从学生角度而言，学风是学生在校表现的综合性体现，学生的学习、思维方式及行为习惯是学风建设的重要内容。

精神文化作为一所高校的核心，是高校教育理念的直接性体现。高校理念则是关于如何理解高校本质、如何看待高校教育功能、如何实现高校办学等方面的问题。高校理念对于高校学生的发展具有导向作用。高校理念影响

---

① 王晓梅. 家庭教育对大学生价值观影响的研究 [J]. 科教导刊，2019（17）：187-188.

着广大教师的教学理念和管理思想，影响着学生的行为态度，影响着教学活动效果的发挥，影响着高校制度的建设状况，影响着学风建设的方向。相比于物质文化，精神文化看似空洞、缥缈，但实则有着丰富的内涵和完整的结构。高校作为培育新时代人才的场所，其精神文化是内在特性的体现。在社会经济快速发展的形势下，高校的教育功能日益突出，并且高校需要承担起更多的社会责任。在社会需求不断增加、社会需求多样化发展的环境下，高校教育需要结合时代特征和现实需求进行改革。由此，高校精神文化也将更加丰富多元。从学风建设角度而言，教师的教学风格、教师提出的学术观点以及学生的学习方式，都是影响学风的关键因素。

（二）建构行为层面的学风文化

高校行为文化形成于教师日常的教学、科研，以及学生日常的学习、生活活动中。具体而言，高校行为文化内容包括管理人员、教学人员、服务人员及学生的行为文化四方面。其中，学生行为文化按照性质的不同分为三种类型：一是学习行为文化；二是生活行为文化；三是社会实践行为文化。而教师的行为文化则包括教学、科研学习服务等内容。教师与学生的行为文化是构成高校学风的两大重要内容，因而优良的学风建设离不开教师和学生的支持。

高校教师的行为文化并不是独立存在的，而是与一定的社会责任相关联的。随着高校社会教育功能的日益丰富，高校教师的行为文化也呈现出多样化特征。教师文化包括三种类型：一是以学术研究为主要目的的学术型；二是以提升政治地位为主要目的的政治型；三是以谋取经济利润为主要目的的商业型。其中，学术型教师应该成为主流群体。高校教师应该树立积极奉献的精神，围绕学术中心，为教育事业作贡献，而不是一味地追求政治权力或者商业利益。高校应该实行民主化、开放式的管理，允许各种类型的教师行为存在，认可不同的教师行为文化。

多元化的高校教师与学生行为文化，形成了内涵丰富的高校学风。可以这样说，多元的行为文化，在很大程度上促进了高校学风朝着自由、开放、平等的方向发展，使高校学风更加活跃、更加包容万象。多样化的学风不仅是现代化办学的需求，也是国家发展、社会进步的需要。

（三）培育制度层面的学风文化

高校制度包括诸多制度，如教学管理制度、科研管理制度、后勤管理制度、学生管理制度等。多层次的制度构成了高校制度文化。其中，规范性的制度是确保高校各项工作顺利展开的关键，是构成优良校风的基本要求。此外，高校校园中还有一些没有被列入正式制度中的不成文规定，同样也是约束教师和学生行为的重要规范。非正式的制度文化与规范性的制度文化共同构成了高校制度文化。不同的制度文化相互对话、相互约束，使高校校园呈现出一幅和谐的景象。

一方面，高校教学管理者需要采取措施，健全制度文化。正式的规章制度是高校各项活动顺利进行的基本保障，是培育学风过程必不可少的因素，是规范师生行为的基本准则，是引导高校办学理念的基本要求。学校应该明确办学目标、发展方向和办学理念，并基于此建立具体的价值观导向，通过各项制度的有效完善，建立健全高校制度文化体系，将校园管理理念和人文精神融入其中。健全的管理制度是制度文化的重要组成部分，是营造优良校风的基本内容。健全的管理制度不仅针对教师和学生的日常行为提出了明确的要求，对教师和学生起到了激励和约束的双重作用，还使校园环境规范、有序，让广大师生拥有了一个舒适、健康的学习和生活场所。因此，在建设优良学风过程中，高校管理者需要完善制度文化，明确各行为规范，为日后各项工作的顺利进行提供可靠保障。本科院校在评估校园学风的过程中，应将规章制度的建设列为重点工作内容。任何一项制度的建立，都应该充分考虑实际情况。因此，校园制度文化建设，需要以教师为本、以学生为主体，以调动教师的工作热情和学生的学习积极性为主要目标，以培养学生良好的行为习惯为目的，以激发教师参与科研活动为方向，以构建优良校风为最终目标。制度文化并非一成不变的，而是需要依据实际情况做出相应的调整，以充分发挥制度在推动校园持续发展过程中的作用。

另一方面，注重对非正式制度文化的建设。许多高校不仅建立了正式的制度文化，还针对一些不成文的规定逐步形成了非正式的制度文化，并且这些文化共同促进了高校的发展。非正式的制度文化形成于日常生活中，与教师和学生之间存在密切联系。虽然规范性的制度文化与非正式制度文化有所不同，但二者之间并不存在很大的差距，事实上，二者都是构成高校制度文化的重要组成部分。规范制度文化和非正式制度文化既相互区别，又相互联系，是形成优良学风的重要因素。规范化的制度不仅为高校各项活动的顺利展开提供了可靠保障，也引导着高校学风的建设方向。规范化制度对高校的影响是基础性的，非正式制度文化对学风的影响则是深层次的。为此，在开展教学水平评估工作的过程中，高校不仅要对学风评估指标进行强化，还要重视对非正式制度文化的建设，以推动校园文化的多元化发展。

（四）培育物质层面的学风文化

物质形态多样，包括自在之物、人为之物，以及二者融合之物等。其中，自在之物是一种文化，不具备物质价值；而人为之物是人类根据自己需求创造的，形成于人类实践活动中。人为之物属于一种物质文化，其中融合了人类的思想和情感，体现了人类的行为习惯和思想价值倾向。在高校校园中，物质文化随处可见。具体而言，主要包括以下几种：一是地理环境；二是校园布局；三是教学基础设施；四是人文景观；五是校园网络、图书馆等。这几个方面相互影响，共同构成了高校环境文化，成为影响教师和学生行为的关键因素。校园环境是学校形象的代表，良好的环境能够使人身心愉悦。在建设优良学风的过程中，高校应该强化物质文化方面的建设，通过有效的措施，改善校园环境，为广大师生提供良好的生活和学习场所。物质在校园中长期发挥着基础性作用，但其教育功能却总被忽视。事实上，物质对意识起着决定性作用，高校教育功能的发挥需要得到物质基础的支持。在高校优良学风的建设过程中，应该充分发挥物质的基础功能和教育功能。

一方面，发挥已有物质文化的育人功能。高校物质文化多样，各具特色。任何一所高校的发展都需要物质作为基础，但每一所高校都应该根据自身的需求进行物质文化的建设，并且需要积极挖掘周围环境中的物质文化，使之能够为学校的进一步发展而服务。物质文化并非一成不变，也没有明确的界限、标准，学风也是如此。物质文化是建设学风的基本保障，不同性质的高校，其学风自然也会不同。

另一方面，积极引进新物质文化。高校管理者需要以高校文化和科研最新成果为基础，开展具有针对性的物质文化建设工作，以构建优良学风。近年来，随着高等教育规模的不断扩大，物质文化建设项目也逐渐增多，许多高校纷纷强化了教学基础设施的建设。虽然增加物质建设能够满足办学需求，以容纳更多的学子，但一味地按照现代建筑技术进行物质建设则容易丧失学院特征。因此，高校物质文化建设应该注重新旧物质文化的融合，借助新物质文化与历史物质文化的巧妙结合，彰显校园物质文化特征。正如自然界找不到两片完全相同的树叶一样，世界上同样找不到两所完全相同的高校。构建独具特色的物质文化，是高校管理者应该追求的学风建设目标。

二、培育学风文化的外部资源

(一)坚持核心价值的引领地位

学者们一直非常重视价值观对高校学生的影响。应该将培养人的优良品质作为根本教学目标,让走出校门的高校学生成为能够顺利融入社会的和谐之人,而不是独一无二的专家学者。曾任英国牛津大学校长的科林·卢卡斯教授指出,新时代的高校教育应该注重精神文明的建设,而不是仅仅强调物质文明建设。真正的人才,并不仅仅在学术上具有较高的造诣,还需要具有明辨是非的能力,需要时刻保持清醒的头脑,不盲目随从。对此,在建设高校学风的过程中,应该充分引入社会主义核心价值体系中的内容,以引导高校学生群体树立正确的世界观、人生观和价值观。

第一,以马克思主义理论为指导。作为社会主义核心价值体系的核心部分,马克思主义指导思想在校园学风建设中有重大作用。马克思主义强调以客观事实为根据,强调随着时代的发展不断更新。坚持马克思主义思想的指导,就是坚持高校学风建设的正确方向。在马克思主义思想的指导下,高校学风建设能够不断地朝着科学化、规范化的方向发展。目前,我国多元化的社会意识形态不断冲击着高校学生的思想。在此背景下,高校学风的建设必须以马克思主义为指导思想,借助科学的理论,坚持正确的方向,解决现实问题,真正培养出社会所需的人才。在"两课"教学中,应该充分引入社会核心价值体系的基本内容,同时根据学生需求,积极创新教学模式,激发学生的自主学习热情,将课堂主动权交还给学生,充分引入思想政治教育内容,落实社会主义核心价值体系的基本要求。

第二,将中国特色社会主义共同理想作为根本思想。中国特色社会主义共同理想是人们思想价值观和政治观、世界观的直接性体现,是人们对未来的期待。目前,我国所追求的目标就是建设具有中国特色的社会主义社会。共同理想不仅指明了中国特色社会主义的建设方向,还发挥着鼓动人心的作用,激励人们为目标的实现而努力。共同理想是人们基本愿望的集中性体现,其中包含了丰富的内容。在共同理想的指引下,国家、民族和个人之间的联系日益密切。共同理想使人们有了共同的追求和共同的奋斗方向。高校作为社会的一分子,在建设学风过程中,则需要基于共同理想,明确学风建设大方向,实现师生思想的统一。具体而言,高校学风建设工作需要从以下两方面着手:其一,高举中国特色社会主义伟大旗帜,明确学风基本建设方向。高校是培育人才的重要场所，在校园内部进行学风建设，应该注重民主氛围的建设和健康思想的传播，以抵制不良思想。历年来，我国思想文化和西方思想文化形成了相互交融、相互斗争的局面。基于这种形势，为了保持正确的学风建设方向，高校需要高举中国特色社会主义伟大旗帜，与共产党同心，以促进社会发展为目标。其二，坚定社会主义办学方向，积极引入中国特色社会主义理论，以发挥积极思想对广大师生的熏陶作用，确保高校学风建设能够保持正确的方向。高校优良学风的建设应该以习近平新时代中国特色社会主义理论体系为基础，强调"真学、真信、真用"等基本原则，引导高校学生树立正确的思想观念，自觉遵守社会规范、自觉维护习近平新时代中国特色社会主义思想。在实践过程中，高校教学管理者可以组织高校学生党员学生干部等群体参加中国特色社会主义理论学习活动，引导他们深入、全面把握科学发展观的基本内容及理论精髓。在实践过程中，高校应该坚持理论与实践相结合的方式，保持科学发展观的大方向，对学科教学产生潜移默化的影响，引导学生积极转变学习态度，促进良好学习习惯的养成。

第三，利用爱国主义、民族精神、改革创新、与时俱进等时代精神，武装师生队伍，强化高校学风建设效果。民族精神形成于民族社会实践活动过程，是人们长期实践经验的集合，是民族思想文化、价值取向以及道德规范的直接性体现，是一个民族的象征，反映了一个民族的文化传统和思想特征。改革创新的时代精神则形成于社会创造性活动中，是人们创造性思维、行为方式的直接反映，是促进时代发展与进步的根本力量，是社会最新理念、时代潮流的综合体现。任何一个国家，要实现可持续发展，就需要注重政治、经济、思想文化的创新。而任何一所高校，要成为时代的佼佼者，同样也需要积极创新。可以说，创新是一个民族发展的不竭动力，创新是一所高校不断进步的重要力量。在高校学风建设过程中，应该大力发扬民族和时代精神，让高校成为最具战斗力的场所，成为彰显时代精神的主体部分。当今社会，科技在不断进步，高校学生就是祖国未来的希望，是建设社会主义社会的重要力量。高校学生的创新精神和能力是影响国家创新水平的关键。高校学风建设需要紧紧围绕时代精神展开，需要营造出一种积极向上的氛围，让高校学生具备勇于开拓、善于创造的精神，激励高校学生不断努力、刻苦钻研，提升自我，为祖国建设作贡献。

第四，将社会主义荣辱观作为高校学风教育的重要内容。社会主义荣辱观作为社会主义核心价值观的基本内容，是一种行为准则，体现了当代中国社会的价值取向。社会主义荣辱观包含爱国主义、集体主义等内容，不仅是中华传统美德的集中体现，还是时代发展的根本要求。在新形势下，高校学风建设需要坚持社会主义思想道德建设大方向，严格遵循社会主义荣辱观要求，建立制度规范，约束全校师生的言行。

（二）发挥思政工作的主导作用

对于高校学生来说，在促使他们产生科学的世界观、人生观及价值观的过程中，思政教育活动是必不可少的。思想教学活动在推动高校学风建设方面发挥着重要的价值，两者是紧密关联在一起的。思想政治教育工作与学风建设的根本目的是一致的，所以应该把前者充分融入后者中。

在高素质人才的开发方面，高校思政教育能够为高校学风建设提供方向，并为其带来充足的力量。就学风建设来看，其所要达成的目标是建设良好的学风，使学生能够在科学的"三观"的作用之下，在学习方面维持严谨的态度，使用高效的方式，全心钻研、坚定不移地发挥自己的作用。所以，在高校中，无论是思政教育还是学风建设，最终归结点均在于给人才开发提供服务。高校思政教育应该遵从马克思主义理论的指引，联系有关学科的内容，从高校学生观念变动的特征及变动规律出发，开展相应的社会主义"三观"教育。高校学风是教师及学生在长时间的教育经历中所产生的，主要涵盖以下四种内容：一是治学目标；二是治学态度；三是治学方式；四是治学精神。详细而言，所谓学风，实际上可以将其视作一种习惯，是相关个体的意愿、目标在学习方面的体现。通常而言，学风也可以被理解成人格及精神面貌在学习方面的表现。因为思想道德上存在一些差别，所产生的学风也会不一样，并且良好的学风会持续改善个体的精神空间，提升个体的道德素养。对学风建设而言，思政教育能够为其提供较大的支持。从本质上来看，高校学风建设就是特定思想氛围的营造，体现特定环境所需要的较为平稳、长久的在学习方面的思考方法、活动特点及心理倾向。通过分析高校学生思想品质的产生过程不难看出，严肃认真的态度、执着向上的精神不仅是高校学生良好学风的特征，也是其发展良好学风的基础，而思政教育能够较为高效地促使上述品格的养成，是一种提升他们学习自主性的重要方式。强化对高校学生"三观"的引导，有助于避免他们在政治方向上跑偏，进而给学风建设带来良好的条件，确保学风建设的有序推进。

第一，通过高校精神的作用来推动学风建设。不管在哪个阶段，高校精神都能够给高校带来强大的力量。对于高校来说，历经数十年甚至数百年所沉淀下来的校风校训，是打造良好校园的关键精神支持。在开展思政教育工作的过程中，高校应该全面发掘、利用校风校训之中潜藏着的高校精神，以此来鼓励、指引师生对奉献社会、团结友爱等思想的实践，推动学风建设的稳步前进。

第二，利用道德教育的作用，促使良好学风产生。在开展学风建设方面，教师应该保持较高的道德修养，以此来带动学生，并通过令人敬佩的师德、师风来对学生产生积极的作用，进而实现师生的共同进步。对于高校思政教育从业者来说，应该利用有针对性的举措来全面获知学生的思想状况，给学生指明正确的思想方向，强化他们对竞争的认识，促使他们担负起社会责任，激起他们的学习热情。

第三，采用科学手段加速创建良好学风的进程。首先，强化学习兴趣。教师应该时常激励学生，引导学生正确看待学习，激发学生的学习兴趣，帮助他们树立正确的价值观。其次，端正学习态度。高校要引导学生深刻意识到学业的关键意义，避免他们产生形式主义的想法，也避免他们以功利的视角来看待学业，营造出奋发向上、积极学习的氛围。再次，优化学习方式。就像古人所说的，"学而不思则罔"，在学习方式方面，教师应持续探寻新的途径，把学习转变成一项持续提升的活动，充分践行学习方式并进行一定的优化。最后，通过校园文化来发展优良学风。通常而言，校园文化涵盖的内容十分丰富，如精神风貌、价值取向及办学特点等。高校应该时常组织一些活动，如文艺节、体育节及科技节等，增强校园文化的文艺气息，强化校园文化的科学技术氛围，不仅让学生获得优良的人文素养，也让他们形成较好的科学素养。师生应该热情参与相关活动，为校园文化的构建贡献力量，增强学术氛围，提倡较高的道德水平，进而将校园文化在推进优良学风创建方面的效用全面展现出来。

第四，将高校学生诚信品德教育和学术诚信关联起来。在传统道德范围中，最为关键的标准之一就是诚实信用，这也是所有其他道德要求的根基。对于高校来说，针对本科及专科生，应该时常组织一些和科学伦理有关的讲座；针对研究生，应该时常推广相关的学术要求；针对教师及行政人员，应该在对他们的培训中着重引进科学道德的内容。总而言之，高校应该通过各种举措来持续加强校术诚信教育的力度。以哈尔滨工程大学为例，其从学术诚信教育的方向切入，多种举措并用，最终形成了一种较为完善的诚信教育架构。

第五，把高校学生行为养成教育和教风创建联系起来。学风构建的重点之一是优化教风。不管是在思想政治方面，还是在品德修养方面，又或者是在学识方面，教师均需要身体力行，这样才能当好学生的榜样。教师不仅要让学生掌握知识，也要让他们学会为人处世，应该形成优良的思想作风，以供学生效仿，给学生的发展指明方向。因此，高校教师应该恪尽职守、以德育人，将自身的示范效用全面展现出来。

第六，把高校学生实现自我教育和校园文化活动联系起来。高校具有的校园文化气氛就是学风。从一定角度来看，校园文化活动就是学生的一种课堂活动，其中涉及体育、文艺及科技等方面的内容。在学风创建方面，校园文化活动就是一种平台。针对校园文化活动，高校应该仔细筹划、认真对待，促使高校学生感受到自身的价值，在潜移默化中优化自己的言行举止，充分利用自我管理意识，进而产生自我教育的成效。

总而言之，开展思政教育的最终目的就是育人，而学风创建能够给育人带来极大的支持。只有将思政教育和高校学风创建较好地联系起来，才能将"以人为本"的思想观念践行到位，从而提升高校学生的综合素养。

（三）善用民族文化的宝贵资源

在微观层面上，从民族学研究的角度来看，民族或民族身份是人类社会最突出的身份特点中的一个。无论个体所开展的是何种实践活动，均存在民族的烙印。因为民族从实质来看属于社会文化群体中的一类，所以存在的烙印也必定是文化的烙印。基于此，就高校而言，在校园文化的发展历程中，必然会有所有成员的民族文化痕迹。

从宏观层面上，关键点在于应该把这个问题放在社会历程的整个架构中来思考。整体看来，民族和社会在发展变动方面存在一致性。此外，民族的发展也存在着特殊的演变方式及规律。基于上述前提，站在整个社会的历程的高度来看，民族文化不只反映了民族在信仰、习俗及语言等各个方面的特性，还反映了一种以文化为内容的社会存在和社会的经济、政治等方面进行充分融合、交互及联动的演变历程。因此，民族文化给涵盖在社会文化中的高校校园文化带来作用的确然性，在契合社会演变规律的视角上实现了更为明晰的体现。

第一，在健全校园文化设施的过程中将民族氛围和时代特性联系起来。优质、有品位的物质媒介，不仅可以给校园文化的主体带来良好的气氛，还可以利用浓厚的内涵给这些主体提供指引。因此，在改善硬件设施的过程中，高校应把民族特性和新观念进行融合，让民族文化从沉睡中醒过来。例如，可构建存在创意性、文艺性的民族文化展厅，利用展厅将不同民族的渊源、故事、习俗等方面展示出来，给师生提供认识各民族文化的平台，并且对其中优良的部分进行学习。

第二，在规划校本教学架构的过程中，注重了解民族文化与研习一般知识的结合。之所以对高等教育进行变革，是为了开发更好的人才。但是，在长时间的应试教育的作用之下，大部分高校都把注意力集中在技能教育方面，而较少关注被教育者的全面提升。因此，高校的各种活动都自发地向改善教学成效靠拢，校园文化也是如此，这就可能导致学生并未重视民族文化，反而去追随社会文化领域某些备受批判的风潮。针对这种情况，若强化对民族文化的交融，就需要将教育主旨集中到如下两点：一是一般知识的讲授；二是民族文化的推广。

第三，对校园文化活动进行设计时，将高校流行风向和民族节日特性联系起来。从校园文化的整体创建的视角来看，高校应该全面发挥学生载体的作用，为学生提供更为广阔的平台，鼓励他们将流行元素与民族节日特性相融合。这样不仅能创新校园文化活动，还能宣传有浓厚民族文化色彩的民族节日。

第四，对民族文化的承继进行合理的指引。高校师生在为民族文化的交流交融贡献自己的一份力量时，应该注重为民族文化增加新意。从民族文化的视角来看，由于受到了校园文化的反作用，而这个层次中所完成的交流交融则变成了民族文化的自我演变、提升，使民族文化的承继变得更易于实现。

第五，对文化强国战略进行响应。从开展文化强国战略开始，大到一座城市，小至一所学校，均在通过实际行动来大力践行这个倡导。这也赋予了高校更重的责任，这就要求高校培育出足够的人才，以确保文化强国战略目标的达成。因此，当校园文化及民族文化可以通过自适应的形式产生融合，并完成自我更新的时候，也就给当下文化领域指明了方向。

第六，针对各民族学生的特点因材施教。我们在强化民族认同统一性的同时，也要关注到异质性文化基因的存在。首先，要充分了解不同民族的文化渊源与显著特色，只有把握了塑造学生认知和行为图式的文化背景，才能有效地制定教育策略，实现"因材"的既定目标。其次，要关注相应民族的文化禁忌，防止产生文化冲突及由此引发的教育阻抗。最后，要注意观察各民族突出表现的民族性格和民族精神。这是各族群内部最为强大的"社会心理连带"，也是教育者同少数民族学生建立情感的最佳路径。只有让少数民族学生感受到"自己人"正在以最大的善意和最大的尊重劝导自己，他们才可能敞开心扉、虚心接纳。

（四）融合多种媒介的教育功能

随着"互联网＋"成为一种话语方式，网络媒介作为新型信息递导方式的合法性地位也逐渐被肯定并得到重视。由此，"媒介融合"逐渐成为一种"路径依赖"。

在思想意识形态领域，融媒较多地作为一种教育工具而被提起。首先，可以利用多种媒介搜索各种信息，以便实时删控不良校园文化和影响受教育者意识形态安全的负面信息；其次，可以利用多种媒介全方位地对接所有受众，并借由媒介渠道同相关受众建立高效率的信息互联；最后，可以利用多种媒介引导乃至塑造受教育者的心性结构，矫治局部思想失范，进而使"学风建设"成为受教育者所认可的一种日常生活方式和存在状态，这也是以融媒为工具优化学风建设效果的最终目标。

第一，打造网络学习平台。通常而言，高校往往会购置规模庞大的文献资源，以充实他们的电子图书馆，以便学生从中找到所需资料。学会怎样利用电子图书馆，不仅是高校学生的一种基础性能力，也是他们日后开展科研的一种必备技能。在高校学风建设中，高校可以创建多种网络平台，以便学生随时交流，提升学习成效，同时教师也能及时获得教学反馈，营造良好的学习氛围。

第二，打造网络校园文化。通常来讲，优良的校园网络文化会产生一定的正面效应。在此，高校可借助于校园网络的力量，改善学生的思想觉悟，优化他们的价值取向，适时地组织网络互动，为他们的择业等方面提供建议，将校园网打造成高校教育从业者的思想基地，使其成为一种集综合管理、服务及学习于一体的健全系统。高校学生往往更倾向于新鲜事物，而新媒体正好满足了他们这样的心态。高校可以组织各种各样的网络文化活动，如编程竞技、读书大比拼等，科学指引高校学生的网络思想，强化他们的计算机技能，激发他们接触网络知识的自主性；可以创建并合理利用高校学生较为感兴趣的平台，充实文化活动的内容，营造出优良的校园文化氛围，推动学风建设的进展。

第三，严把网络运用底线。可以控制高校学生的午休时间以及在夜间十一点断网、断电，避免高校学生在网络中消耗大量的时间，并保证他们有较好的睡眠。另外，不管是校园网络服务机构，还是宿管办，又或者是辅导员，均需要实时对寝室进行走访，查看学生的上网情况，督促高校学生养成科学的上网习惯。同时，可以与学生家长相配合来强化对学生的管控，各方面共同发力，从而建设良好学风。

第四，树立学风培育的新媒体意识。随着新媒体的发展，高校也面临着一些新的难题，教育者应该以良好的心态应对这种情况，迎合时代走向，迅速融入这种全新的媒介氛围中，形成新媒体意识。在信息爆炸的环境中，高校学生获取知识的方式多种多样，所以高校教师应改变以往的教学理念，全面展现新媒体的效用，强化师生间的互动，激起高校学生接触新知识的热情及自主性，使课堂氛围更为活跃。

第五，提升学生的媒介素养。学生的媒介素养是其抵御腐朽文化、严守意识形态安全之防线的重要武器。高校在建设新媒体思想政治教育和学风塑造平台的同时，要更加注重培养学生的媒介素养。加强和改进高校学生网络媒介素养培育，提高他们的思想政治素质与网络媒介素养，将其培养成为中国特色社会主义事业的合格建设者与接班人，对于深入实施科教兴国与人才强国战略，推进社会主义现代化，确保国家在激烈的国际竞争中始终占据优势地位，具有深远和重大的战略意义。

参考文献

[1] 胡浙平.中国古代学风探略[M].杭州：浙江工商大学出版社，2018.

[2] 品墨.好教风 好学风 好校风[M].北京：新华出版社，2017.

[3] 杨俊一，吴强.社会主义核心价值观与师德、学风建设研究[M].上海：上海
     社会科学院出版社，2017.

[4] 刘扬，郑金.高校科研管理与学风建设研究[M].北京：北京工业大学出版社，
     2019.

[5] 王栋，李志红，武姣娜.高校学风建设路径创新研究[J].文化创新比较研究，
     2021，5（19）：25-28.

[6] 施晓婷.高校学风影响因素探析[J].数码设计（上），2018（6）：213.

[7] 赵琦.关于加强高校学风建设的思考[J].新商务周刊，2019（14）：199.

[8] 陶凤丽.浅谈高校学风建设[J].课程教育研究：学法教法研究，2015（17）：
     237.

[9] 宣慧.高校学风建设研究[J].山东青年，2015（24）：63-65.

[10] 张萌萌.新时期高校学风建设问题及对策[J].黑龙江教育：高教研究与评估，
     2017（3）：61-63.

[11] 王春艳.浅谈高校学风建设[J].精品，2019（1）：76.

[12] 张思，周士越.协同创新视角下高校学风建设策略探析[J].大众标准化，
     2021（5）：173-174，235.

[13] 武利敏.加强高校学风建设的探究[J].智库时代，2020（11）：101-102.

[14] 由春桥.高校学风建设的"道"与"术"[J].湖北开放职业学院学报，2020，
     33（2）：29-31.

[15] 杨光泽，陈红英，毛莹.高校学风建设浅谈[J].长江丛刊，2018（30）：179.

[16] 麻顺坤.论如何加强高校学风建设[J].决策探索，2018（24）：54.

[17] 刘晓阳，靳江艳，邓飞，等.基于多视图模型的高校学风综合评价方法研究 [J].教育教学论坛，2020（2）：103–104.

[18] 李林育.试析高校学风建设中团委工作的作用及其发挥 [J].才智，2020（25）：147–148.

[19] 刘晓璐.创建"6S"文明宿舍对高校学风建设的作用研究 [J].安徽警官职业学院学报，2020，19（4）：115–117.

[20] 杨思贤，刘继红.行动类型视角下高校学风建设的社会学思考 [J].江苏高教，2020（12）：128–131.

[21] 赵鹏程，逄锦涛.基于"四个回归"视域下对高校学风建设的探析 [J].国际援助，2020（5）：90–91.

[22] 范乐佳，张晓报.网络时代高校学风建设的挑战、机遇及应对 [J].扬州大学学报（高教研究版），2020，24（5）：11–15.

[23] 王杰.网络环境下高校学风建设机制研究 [J].改革与开放，2020（C2）：106–109.

[24] 张渊博，王先硕，王治惠.浅析影响高校学风建设的原因与途径探究 [J].文学少年，2020（10）：213–214.

[25] 秦子晗.加强与改进高校学风建设的探析 [J].好日子，2021（34）：176.

[26] 罗永珍.基于新媒体的高校学风建设研究 [J].传播与版权，2021（4）：104–106.

[27] 黄哲.高校学风建设提升路径探究 [J].科教导刊（上旬），2021（9）：9–11.

[28] 侯玉曦.基于新媒体的高校学风建设研究 [J].时代商家，2021（29）：143–144.

[29] 黄哲.高校学风建设提升路径探究 [J].科教导刊，2021（25）.

[30] 林晨.新时代高校学风建设探析 [J].时代教育（中旬），2021（8）：233–234.

[31] 侯胜利.网络环境下高校学风建设研究 [J].公关世界，2021（12）：64–65.

[32] 罗秉鑫.普通高校学风问题研究 [J].新一代（理论版），2019（21）：50–51.

[33] 陈林，李运国.高校学风建设机遇分析 [J].山海经，2019（15）：98–99.

[34] 李宏伟.高校学风指数构建研究 [J].吉林工商学院学报，2016，32（1）：115–118.

[35] 高琼.关于高校学风建设的思考 [J].当代教育实践与教学研究，2019（8）：

126–127.

[36] 魏学艳，姜楠.当前高校学风建设存在的问题和对策 [J].明日，2021（4）：63.

[37] 刘恒美.加强高校学风建设的思考 [J].成长，2019（11）：18–19.

[38] 付志滨，胡博昊，万敏，等.高校学风建设实践路径探究 [J].山东青年，2021（5）：60.

[39] 宋杨，崔梓月.高校学风建设路径探析 [J].文教资料，2019（33）：145–146.

[40] 刘民强，韩冰，张娥.互联网时代高校学风建设问题的思考 [J].商情，2021（21）：191，185.

[41] 陈东升.加强高校学风建设的探索与思考 [J].淮海工学院学报（社会科学版），2012，10（21）：132–134.

[42] 王文兵，叶展航.高校学风育人体系的探索与实践 [J].青春岁月，2021（17）：144–145.

[43] 王蕊.新时代高校学风建设的困境与对策 [J].高校辅导员学刊，2021，13（1）：82–86.

[44] 杨建.高校学风建设现状分析与对策 [J].湖南商学院学报，2006（3）：108–110.

[45] 钟霖瑜.浅谈高校学风的影响因素及转变对策 [J].文存阅刊，2017（10）：138.

[46] 张飞.高校学风建设问题分析与对策研究 [J].新教育时代（教师版），2020（3）：181–182.

[47] 潘球武，赵奕.民办高校学风状况调查报告 [J].现代职业教育，2020（22）：102–103.

[48] 朱司甲.高校学风建设路径创新研究 [J].湖北开放职业学院学报，2020，33（20）：9–10.

[49] 林茉梓，孙明娟.积极初级群体：高校学风建设的趋向 [J].大学教育，2020（3）：190–192.

[50] 高崇.新时代高校学风建设路径探讨 [J].知识窗，2020（2）：139.

[51] 魏海玲.地方高校学风建设调研报告 [J].青春岁月，2020（29）：140.

[52] 崔玉静，王璐.高创新校学风建设的途径探究 [J].现代经济信息，2017（12）：441.

[53] 宋克勇，矫丹，张浩.普通本科高校学风建设问题研究 [J]. 中外企业家，2020（25）: 270.

[54] 王天勇.浅谈加强高校的学风建设的问题与策略 [J]. 卷宗，2020（2）: 296.